Edith Mahlke-Bleck & Doris C. Leisering (Hg.)

Wendepunkte

Wendepunkte

Gottes Wege mit Menschen

Herausgegeben von Edith Mahlke-Bleck &
Doris C. Leisering

EDITION WORTSCHATZ

Druck und Bindung des vorliegenden Buches erfolgten in Deutschland

Das verwendete Papier ist FSC-zertifiziert. Als unabhängige, gemeinnützige, nichtstaatliche Organisation hat sich der Forest Stewardship Council *(FSC) die Förderung des verantwortungsvollen und nachhaltigen Umgangs mit den Wäldern der Welt zum Ziel gesetzt*

Anfragen bitte an:

Doris C. Leisering
Übersetzungsarbeiten & Lektorat
Am Straßenbahnhof 54
D-12347 Berlin
E-Mail leisering-uebersetzungen@t-online.de

Edith Mahlke-Bleck
Langschanweg 4
D-12355 Berlin

Die Deutsche Bibliothek verzeichnet diese Publikation in der Deutschen Nationalbibliografie; detaillierte bibliografische Daten sind im Internet über www.d-nb.de abrufbar

Umschlaggestaltung: spoon design, Olaf Johannson
Umschlagbilder: Frankies, Africa Studio/Shutterstock.com
Satz und Herstellung: Edition Wortschatz

Edition Wortschatz Schwarzenfeld
ISBN 978-3-943362-30-5, Bestell-Nummer 588 851

www.edition-wortschatz.de

EDITION WORTSCHATZ

Inhalt

Wie es zu diesem Buch kam

Berlin, den 06.03.2013
Liebe(r) ....!

Nun geht es schon in den siebten Monat, dass mein 43-jähriges Steißbeinleiden mit vielen Schmerzen und Nicht-Sitzen-Können trotz guter Behandlungen akut anhält. In dieser Zeit, seit 24.08.2012, habe ich mit Gottes Hilfe und durch viele treue Beter immer wieder neue Kraft, Geduld und Hoffnung auf Besserung von Gott bekommen. Ich habe u.a. in dieser Zeit auch viel gelesen.

Besonders fiel mir ein Buch mit dem Titel: *Meine Geschichte mit Gott*, 30 Erlebnisse verschiedener Menschen, in die Hände. Das fesselte mich sehr und ich wünschte, der gute Inhalt möge nie zu Ende gehen. Während ich las, musste ich an etliche liebe Bekannte denken, denen diese Lebensberichte gewiss Freude bereiten würden. Ich versuchte das Buch etliche Male nachzubestellen. Doch leider hieß es überall: ausverkauft, Lebensberichte sind vergriffen, unmöglich zu beschaffen.

Ich selbst las schon immer gern Lebensberichte von Menschen. Der christliche Glaube beruht darauf, dass Menschen Gott begegnet sind, seine Taten erlebt und sein Wirken in ihrem Leben erfahren haben. Sollten wir diese seine Taten nicht auch an andere weitergeben? Gerade die persönlichen Erfahrungen und Erlebnisse könnten wiederum Menschen zeigen, was Beten, Hoffen und Glauben bewirken können. – Wohl deshalb zeigte mir Gott in den schmerzreichen Tagen: „Schreibe du selbst und suche dir Menschen, die bereit sind, aus ihrem Leben Erlebnisse mit Gott zu Papier zu bringen." Also eine Aufgabe? Da könnte dann ein Buch daraus entstehen! Ich: „Herr, wie, wo, was anfangen?" Einige Tage später wache ich auf und erkenne schon klar den Titel: „Wendepunkte – Gottes Wege mit Menschen". Wir können also loslegen! –

Ich würde mich nun herzlich freuen, auch von dir/euch so ein Erlebnis/Zeugnis aus deinem/eurem Leben mit Gott zu erhalten. Vielleicht macht es dir/euch Freude, Menschen von Gottes Liebe, seinem Wirken, seiner Durchhilfe und etlichen Wendepunkten deines/Ihres/ eures Lebens zu berichten. Denn jede Gotteserfahrung ist einmalig, kann nicht kopiert werden! Und deshalb ist es so wichtig, diesen gesäten Samen von Gottes Gnade auf- gehen zu lassen.

Mit herzlichen lieben, bittenden Grüßen,
deine/eure Edith

Vorwort Nr. 2

Die Geschichte, wie dieses Buchprojekt in meinen Händen landete, würde gut zu den anderen Berichten auf den folgenden Seiten passen. Es begann damit, dass ich nach Berlin zog und in der gleichen Gemeinde wie Edith Mahlke-Bleck „landete", und endete mit einem etwas anderen Auftrag als dem, was normalerweise meinen Schreibtisch bevölkert.

In den letzten zwei Jahren hatte ich das Vorrecht, die Lebens- und Glaubensgeschichten vieler Menschen zu be- und verarbeiten. Die meisten dieser Menschen kenne ich mittlerweile persönlich; einige sind zu guten Bekannten geworden. Ich sage bewusst „Vorrecht", denn Sie werden beim Lesen merken, wie persönlich dieses Buch ist.

Nun muss ich Ihnen etwas gestehen: Ganz im Gegensatz zu Edith bin ich kein großer Fan von solchen „Lebensgeschichten-Büchern". Seit ich denken kann, fühle ich mich davon eher unter Druck gesetzt – oder auch bitter enttäuscht, weil ich in mancher Situation vergeblich auf Gottes Antwort oder Eingreifen gewartet habe. Trotzdem haben mich die Geschichten in diesem Buch ins Staunen über den großen Schöpfergott gebracht, der sich so liebevoll um unser Leben bemüht.

Ich weiß nicht, wer Sie sind oder in welcher Situation Sie sich gerade befinden. Ich wünsche Ihnen aber, dass Sie sich auf den folgenden Seiten dazu inspirieren lassen, selbst mit Gott ins Gespräch zu kommen – vielleicht zum ersten Mal, vielleicht aber auch nach langer „Sendepause" wieder von Neuem. Ich wünsche Ihnen, dass der lebendige Gott Ihnen genauso persönlich, individuell und liebevoll begegnet, wie Sie es in diesem Buch immer wieder lesen werden. Und ich wünsche Ihnen, dass Sie daraus ein wenig Hoffnung und Mut schöpfen können.

Gott ist da. Er übersteigt unseren Verstand und unsere Wahrnehmung, und doch ist er real und ganz nah.

Sehen Sie selbst!

Doris C. Leisering

Teil 1:
(Nicht ganz) Alltägliche
Begegnungen mit Gott

Gott ist da, immer und überall. Wir sind ihm wichtig, weil er unser Schöpfer ist. Er interessiert sich für unser Leben und möchte, dass es gelingt. Keine Situation unseres Lebens ist ihm zu klein oder zu groß. Seine Hilfe ist maximal ein Gebet weit entfernt und er freut sich, wenn wir mit allem, was uns bewegt, zu ihm kommen.

Wie ich zu einer neuen Wohnung kam

Im Frühjahr 2013 dachte ich, dass es nach sechs langen Jahren in einer Zwei-Zimmer-Wohnung auf 65 Quadratmetern mit meinen mittlerweile schon sechs Jahre alten Zwillingsmädchen an der Zeit wäre, eine neue Wohnung zu suchen. Die beiden sollten im kommenden Sommer eingeschult werden.

Der Gedanke daran, wie ich als alleinerziehende Mutter mit sehr wenig Unterstützung durch den Vater der Kinder und beschränkten finanziellen Möglichkeiten im Alltag überhaupt einen Umzug schaffen sollte, überforderte mich.

Ich dachte, *Erst mal beten*, aber auch das war mir schon gedanklich zu viel bei all den täglichen Herausforderungen, die auf mich warteten. Ich dachte mir, *Ich schaffe es auch nicht, Gott so lange in den Ohren zu liegen.* Wenn, dann sollte es sich nicht lange hinziehen und er müsste ein Wunder tun. Auch zu zahlreichen Wohnungsbesichtigungen sah ich mich nicht imstande.

Also betete ich: „Gott, wenn du willst, dass wir umziehen, dann bitte ohne große Anstrengung." Ich fing an, mich bei diversen Wohnungsbaugesellschaften anzumelden, doch es sah schlecht aus. Dann geriet die Wohnungsfrage ein bisschen aus dem Fokus, da mein Arbeitsvertrag zu Ende August auslaufen sollte und ich nicht wusste, ob ein Umzug finanziell überhaupt machbar war. Wie durch ein Wunder bekam ich jedoch eine Verlängerung um ein weiteres Jahr und es war erst einmal eine finanzielle Grundlage für eine erneute Wohnungssuche geschaffen.

Durch eine Mutter auf dem Spielplatz erfuhr ich, wo ich im Internet genau suchen sollte. Also begab ich mich auf die Suche und schaute mich im Umkreis von drei Kilometern von der Grundschule meiner Kinder um. Es kamen Zweifel, wie ich eine bezahlbare Wohnung in der Nähe finden sollte und wer schon eine alleinerziehende Mutter nehmen würde.

Ich betete ab und an für mein Anliegen, nicht mehr als zehn bis zwanzig Mal, also nicht einmal jeden Tag. Aber Gott ist treu!

Im September schaute ich mir mit einer guten Freundin und den Kindern eine Wohnung an und dachte gleich, dass es eine schöne Wohnung sei, die ich gerne haben würde; jedoch gab es auch andere Bewerber.

Lange Wochen geschah nichts und ich dachte nur, *Wer will mir schon eine Wohnung geben?* Doch als ich die Wohnung bereits fast vergessen hatte, geschah das Wunder…

Ich saß am Tisch und war gerade dabei, den bevorstehenden Geburtstag meiner Zwillinge zu planen, als plötzlich mein Handy klingelte und die Hausverwaltung der besichtigten Wohnung mich fragte, ob ich noch Interesse daran hätte. Ich sagte: „Selbstverständlich, aber Sie wollen mich doch gar nicht." Der Herr von der Verwaltung entgegnete: „Doch, genau Sie wollen wir, denn Sie haben so einen guten Arbeitgeber." „Das stimmt!", entgegnete ich. „Ich arbeite sogar in einer Bundesbehörde", und er war erstaunt. Er wollte wissen, wann ich zur Vertragsunterzeichnung kommen wolle. Zuerst nannte ich den kommenden Montag, doch dann rief ich noch einmal an aus Angst, die Wohnung zu verlieren, und kam gleich am darauf folgenden Tag, um den Mietvertrag zu unterschreiben.

Ich sagte dem Hausverwalter, dass ich allerdings nicht zwei Mieten zahlen könne, da ich aus verständlichen Gründen als Mutter mit Kindern die alte Wohnung noch nicht gekündigt hatte. Und dann ließ Gott noch ein Wunder ganz „nebenbei" geschehen: Der Verwalter sprach mit dem Eigentümer der Wohnung und dieser schlug vor, dass ich zunächst zwei Monate nur die Betriebskosten (167 € statt der vollen Miete von 677 €) zahlen könne.

Jetzt musste noch ein Nachmieter gefunden werden. Auch darüber machte ich mir etwas Sorgen, wollte aber umgehend Aushänge im nahgelegene Supermarkt und der Kita meiner Töchter machen. Eines Tages klingelte mittags wieder einmal mein Handy und es meldete sich eine Frau, die meine Nummer von einer Nachbarin hatte. Dieser Nachbarin hatte ich, als ich sie draußen vor der Tür traf, beiläufig von meinem Umzugsvorhaben erzählt. Die Interessentin wohnte bereits in unserem Häuserblock, wollte sich aber räumlich verkleinern und fragte mich, ob sie gleich mit dem Zollstock zum Ausmessen kommen könne.

Wir verabredeten uns und sie war sofort begeistert und auch einverstanden, nach zwei Monaten ab Februar 2014 die Miete zu übernehmen. Es fügte sich alles auch mit der alten Hausverwaltung, und ich musste nicht einmal Aushänge machen. Gott hatte mir auch diese Arbeit erspart.

Nun musste der Umzug organisiert werden und mein Sofa war auch nicht mehr das Beste … aber Gott tut mehr, als wir erbitten oder erdenken können!

Beim nächsten Gottesdienstbesuch in meiner Gemeinde machte ich einen Aushang, um nach Helfern zu suchen. Diese waren bald gefunden. Es halfen fünf tatkräftige Männer mit und ich musste mich am Tag des Umzugs nicht weiter sorgen, da einer der Helfer tatkräftig die Leitung des Ganzen übernahm. Gott selbst beschützte mich knapp vor einem Verkehrsunfall mit meinem eigenen Auto, und so wurde auch das Gebet um Bewahrung und einen guten Umzug gehört. Dann sorgte Gott noch für ein neues (gebrauchtes) Sofa, das mir ohne Beten und Aushang in der Gemeinde von der Bekannten einer Bekannten geschenkt wurde.

Wenn ich heute die Geschichte aufschreibe, sehe ich noch viel klarer, wie Gott den ganzen Umzug begleitet und geführt hat.

„Dem aber, der überschwänglich tun kann über alles hinaus, was wir bitten oder verstehen, nach der Kraft, die in uns wirkt, dem sei Ehre in der Gemeinde und in Christus Jesus zu aller Zeit, von Ewigkeit zu Ewigkeit! Amen" (Epheser 3,20–21).

Claudia Talissa

Ohne Schlüssel geht gar nichts mehr!

Es war ein Tag, der mit Terminen bis zum Abend vollgepackt war. Also hieß es die Gedanken beisammenhalten, damit auch alles so lief wie geplant. Wie gut, dass ich über Mittag eine Stunde Zeit hatte. So konnte ich mir im Supermarkt etwas zu essen und zu trinken kaufen. Eigentlich keine große Sache. Aber wie so oft traf ich auch heute in meinem Wohnort Leute, die mich kannten, und dann musste natürlich auch Zeit für einen kleinen Plausch sein. Und so kam es, wie es kommen musste. Frau K. berichtet so gerne, wie es ihr geht, und das nicht nur von den letzten zwei Wochen, sondern da würde ich sicher über die letzten zwei, drei Monate informiert werden. Logisch, dass ihr Ehemann auch noch dies oder das erlebt hatte. Ich freute mich wirklich über das Wiedersehen, aber es kostete auch wertvolle Zeit, die ich eigentlich nicht hatte. Gut, ein paar Brötchen, ein bisschen Wurst und schnell noch eine Flasche Wasser, das dürfte kein Problem sein. Es war alles noch im Zeitrahmen.

„Hallo Herr Breest", hörte ich hinter meinem Rücken, und da stand Familie M. quietschvergnügt vor mir. Na, da gab es richtig etwas zu erzählen. In ihrem Haus wurde alles umgebaut und saniert. Logisch, so eine grundlegende Veränderung der Wohnverhältnisse ist nicht mit zwei, drei Sätzen erzählt. Und Familie M. sind wirklich sehr nette Leute, also dachte ich, etwas Zeit muss schon für sie drin sein. Doch jetzt liefen mir die Minuten davon. In etwa einer halben Stunde hatte ich meinen nächsten

Termin, und der war wirklich wichtig. Also musste ich der ganzen Familie irgendwie begreiflich machen, dass ich fürchterlich unter Zeitdruck stand. Schließlich gelang es mir; ich düste zur Kasse, klemmte meine Habseligkeiten unter den Arm, und nichts wie ab zum Auto.

Am Auto angekommen, wollte ich wie gewohnt meinen Schlüssel aus der Hosentasche ziehen, aber, wie der Berliner sagt: denkste. Das ganze Schlüsselbund hatte sich selbstständig gemacht. Binnen Sekunden schoss mein Puls ins Unermessliche. Was lag näher, als den ganzen Weg durch den Supermarkt noch einmal abzuklappern, in der Hoffnung, dass sich das kleine graue Schlüsseltäschchen wieder anfindet. Kurzerhand packte ich meine Einkäufe aufs Autodach, in der Überzeugung, die würde schon niemand klauen.

Mit Adleraugen schritt ich jeden Meter ab, den ich gekommen war, in der Hoffnung, niemanden mehr zu treffen, der mir berichtet, wie es ihm geht und was in den letzten Wochen bei ihm so alles los war. Doch das kleine graue Biest war einfach nicht zu finden. Also ein neuer Anlauf, nur mit dem Unterschied, dass ich jetzt jeden fragte, der dieses Täschchen mit dem für mich so wertvollen Inhalt eventuell gefunden haben könnte: am Infostand des Supermarktes, an den Kassen, bei den Händlern, die es auf dem Weg zur Tiefgarage gab. Nichts als nur gute Ratschläge und Achselzucken. Hatte ich etwa plötzlich Fieber bekommen? Ich glühte und mir lief der Schweiß, als stände ich unter einer Dusche.

Die ganze Zeit über tat ich, was ich immer tue, wenn ich in einer üblen Sackgasse stecke: Ich betete zu Gott, dass er mir doch zur Hilfe kommen möchte, wie diese auch immer aussehen sollte. Bislang hatte ich damit meine besten Erfahrungen gemacht. Noch nie hatte mich Gott im Stich gelassen. Selbst in den kleinsten Kleinigkeiten konnte ich seine Hilfe erleben. Aber was war dieses Mal bloß los? Ich wurde doch dringend in einem Seniorenheim für eine spezielle Aufgabe gebraucht. Hatte Gott das denn vergessen? Eigentlich war ich davon ausgegangen, dass meine Arbeit dort ganz in seinem Sinn war. Warum das jetzt?

Völlig deprimiert und ohne Hoffnung ging ich wieder zu meinem Auto, mit dem ich ja in dieser Situation wenig anfangen konnte. Im Eingangsbereich des Supermarktes sah ich schon mein Autodach. Es war leer. Natürlich alles geklaut. Nicht einmal meine Einkäufe hatte ich mehr. Ich hätte vor Verzweiflung heulen können. Mein Termin schien zu platzen. Vorsichtshalber wollte ich wenigstens absagen, nahm mein Handy und begann die Nummer des Seniorenheims zu wählen.

Da hörte ich plötzlich wieder eine Männerstimme hinter mir: „Hallo!" Ich dachte nur eines: *Nichts wie weg!* Ich hätte in diesem Moment alles gebrauchen können, nur bitte keine Unterhaltung mit Leuten, die mir ihre Erlebnisse erzählen wollten. Doch der Mann hinter mir war hartnäckig. „Hallo, kann es sein, dass Sie ein graues Schlüsselbund suchen?" Ich glaubte irgendwie schon Stimmen zu hören, die es in Wirklichkeit gar nicht gab. Ich drehte mich um und sah einen Mann, der mir in meinem ganzen Leben noch nie begegnet war. Recht „modern" ausgestattet war er, also das Gesicht mit silbernen Knöpfchen verziert, und wo es sonst noch Platz gab ebenfalls. Eigentlich dachte ich immer von diesen Leuten, dass sie in ihrer eigenen Welt leben, zu der ich keinen rechten Zugang hatte. Doch dieser Mann lehrte mich etwas anderes. „Ich habe Ihr Schlüsselbund gefunden und auch die Sachen auf ihrem Auto in eine Tüte gepackt und in meinem Auto verschlossen." Irgendwie hätte ich jetzt jemanden gebraucht, der mich kneift, damit ich begreife, dass das alles nicht nur ein Traum war. Der Mann war sehr freundlich, bat mich zu warten und holte am anderen Ende der Tiefgarage die von mir so heiß begehrte Tüte.

Mir drehte sich alles. Meine Kleidung war durchgeschwitzt und zum Absagen im Seniorenheim kam ich nicht mehr. Es schien ohnehin schon alles zu spät zu sein. Sicher war ich sehr unhöflich und anscheinend auch undankbar, denn ich nahm dem Mann einfach die Tüte ab und setzte mich erst einmal ins Auto und versuchte zu begreifen, was überhaupt geschehen war. Dann schaute ich auf die Uhr – fünf Minuten blieben mir noch, um im Seniorenheim pünktlich zu erscheinen. Auch diese fünf Minuten hatte Gott ganz offensichtlich in seinem Plan für diese „Aktion" einkalkuliert.

Gott zeigte mir, dass er alles im Griff hat, und nicht nur das: Er ist wirklich immer präsent. „Ich bin bei euch bis ans Ende der Zeit", sagt er, wie im Matthäusevangelium Kapitel 28 Vers 20 zu lesen ist.

Man muss sich das einmal vorstellen: Da spricht mich von hinten ein wildfremder Mann an. Mein Gesicht hätte er ja vielleicht noch erkennen können, aber meinen

Rücken? Dann bietet er mir etwas an, was in diesem Moment für mich unendlich wertvoll und vor allem wichtig war. Irgendwie unlogisch, oder? Ja, so ist Gott. Wie oft stoßen wir mit unserer Logik an Grenzen – und wie gut ist das! Das sind nämlich Gottes Gelegenheiten, uns zu zeigen, dass er bei uns ist. Er hat alles im Griff, auch wenn es sich „nur" um ein Schlüsseltäschchen handelt.

Ulrich Breest

Midlife-Crisis

Ich musste früher oft lächeln, wenn ich davon hörte, dass in meinem Freundes- oder Bekanntenkreis von der „Midlife-Crisis" gesprochen wurde. Ich konnte mir nicht recht vorstellen, dass es so etwas überhaupt gibt, bis ich selbst die Vierzig mit Riesenschritten auf mich zukommen sah. Meine drei Kinder waren im Grundschulalter und vormittags gut versorgt. Für sie hatte ich meinen Beruf als Lehrerin zurückgestellt, um ganz für sie da zu sein. Aber nun? Ich hatte auf einmal viel Zeit an den Vormittagen und fragte mich schon, was ich mit meiner Zeit, die statistisch etwa Lebenshalbzeit bedeutete, anfangen sollte.

Mein Mann war sehr dafür, dass ich wieder in den Lehrerberuf einstieg. Ich selbst war davon noch nicht so überzeugt. Er meinte auch, es gäbe hier vor Ort doch eine christliche Schule, an der ich mich einmal bewerben könnte. So konkret konnte ich mir das schon gar nicht vorstellen, hatte ich doch bis dahin nur christliche Schulen kennengelernt, die mir viel zu eng und weltfremd erschienen.

Umso überraschter war ich, als irgendwann im Frühherbst 2000 sich der Vorstand der hiesigen Schule auf dem Anrufbeantworter mit der Frage meldete, ob ich nicht als Biologielehrerin bei ihnen anfangen wollte. Ich wunderte mich sehr darüber, wie man auf mich gekommen war, hatte ich doch in keinster Weise einen Laut in diese Richtung gegeben. Ich ignorierte die Anfrage. Als ich meinen Mann darauf ansprach, rückte er erst nach einigen Tagen damit heraus, dass er bei einer Sitzung neben eben jenem Vorsitzenden gesessen hatte, der fragte, ob mein Mann nicht in seiner Gemeinde einen Biolehrer kennen würde. Sie suchten händeringend einen. Damit wurde mir schlagartig die Ursache für den Anruf klar – und mein Mann und ich hatten Krieg!

Ich war empört darüber, dass er meinen Namen überhaupt ins Spiel gebracht hatte, war ich mir über meine weitere Lebensplanung doch überhaupt noch nicht im Klaren. Er war sich keiner Schuld bewusst, denn er hatte doch nur erzählt, dass seine Frau ausgebildete Biologielehrerin war und in der nächsten Zeit viel Zeit haben würde.

Nachdem der Vorstand noch drei Mal bei mir angefragt hatte und mein Gemüt wieder auf Normaltemperatur abgekühlt war, meldete ich mich doch zurück. Eine Absage war ja nur höflich. Doch wir kamen ins Gespräch miteinander mit dem Ergebnis, dass ich mir doch mal die Schule und den Unterricht anschauen könnte und sie für Fragen zur Verfügung stehen würden. Und überhaupt könnte ich ja erst einmal mit ganz geringem Stundenumfang einsteigen, und dann könnte man weitersehen.

Mittlerweile arbeite ich seit vierzehn Jahren mit wachsender Begeisterung, unterschiedlichen Aufgabenschwerpunkten und vor allen Dingen mit viel Dankbarkeit und Freude an meiner Schule. Was so holterdiepolter und ganz ohne mein Zutun begonnen hatte, ist inzwischen zu einer Aufgabe und Berufung geworden, die ich sehr gerne erfülle und ausfülle.

Natürlich gab es Aufs und Abs, Zeiten des Zweifelns an mir selbst und an der Richtigkeit meiner Entscheidung. Aber gerade nach der letzten Abschiedsfeier für unsere sechsten Klassen, die an die Oberschulen wechselten, wurde mir klar, welches Vorrecht es ist, dort zu arbeiten. Ich darf meinen Glauben dort leben. Ich habe ein tolles Kollegenteam, mit dem ich den Kindern wirklich Dinge weitergeben kann, die sie neben allem Lernstoff mitnehmen dürfen, nämlich, dass Jesus ihr Freund sein möchte. Die Dankbarkeit und Bewegtheit von Schülern, Eltern und Lehrern im Rückblick auf die tolle gemeinsame Zeit sprachen bei der Abschiedsfeier für sich, die Segenswünsche unseres Schulleiters für die Kinder ebenso.

Manchmal geht Gott wirklich merkwürdige Wege mit uns Menschen. Aber er weiß, was der richtige Weg und Platz für jeden Einzelnen ist. Manchmal hat er die Dinge schon bereit, ohne dass der Betreffende selbst davon weiß. Manchmal benutzt er für die Wegführung andere Menschen. Das habe ich erfahren.

Der Krieg mit meinem Mann ist übrigens schon lange beigelegt. Die Fragen, was ich mit meiner restlichen Lebenszeit anfange, sind, bis die Rentenzeit anbricht, zu den Akten gelegt. Und Midlife-Crisis? Was ist das eigentlich?

U. N.

Schul-Anfang

Wir glauben, dass Gottes Herz berührt ist von den Nöten der Menschen und dass Jesus auch heute noch alles tut, um Menschen in ihrer Not zu helfen. Das haben wir im Elisabethstift auch ganz konkret – und in wunderbarer Weise – erlebt:

Wir waren betroffen darüber, dass es etliche Kinder (schon im Grundschulalter) gibt, die in unserem Regelschulsystem nicht beschulbar sind und die „keiner mehr haben will". Hier wollten wir konkret helfen und suchten nach Kooperationspartnern, mit denen wir eine besondere Schule für diese Schüler aufbauen könnten. Wir hatten nie vor, eine eigene Schule zu gründen – aber Gott hatte andere Gedanken.

Am Tag der Unterschrift sprang unser Kooperationspartner ab und wir waren sehr verunsichert, was Gott uns damit sagen will. Die Not der Kinder war nach wie vor sichtbar und wir hatten schon viel Geld investiert. Aber ohne Kooperationspartner? Würden wir es allein wagen können? Die Kosten, die hier in den nächsten Jahren auf uns zukommen würden, waren immens, weil der Staat erst nach einer längeren Wartefrist Unterstützung gewähren würde.

Eine Woche lang haben wir gebangt und gebetet. Wir wollten nicht auf menschliche Machbarkeit bauen, sondern auf Gottes Größe. Und plötzlich öffneten sich Türen:

Wir bekamen Kontakt zu einer Dame aus dem Senat, die uns beim Antrag auf Betriebsgenehmigung für eine eigene Schule unterstützte. Wir trafen auf ein Lerninstitut, das uns erste Ideen für die Konzeptentwicklung vermittelte. Wenige Wochen später konnten wir einen Antrag einreichen, der tatsächlich noch bearbeitet wurde, obwohl wir mit der Antragstellung eigentlich ein dreiviertel Jahr zu spät kamen.

Wir erhielten die mündliche Mitteilung, dass der Antrag genehmigt werden würde – aber kurze Zeit später eröffnete uns ein Jurist aus der Senatsverwaltung, dass wir die Schule nie eröffnen könnten, weil es kein vergleichbares Angebot gäbe. Wieder brachten wir unsere Sorgen vor Gott und baten in unseren Gebetskreisen um Unterstützung. Am Tag danach wechselte die Zuständigkeit dieses Juristen – der neue Mitarbeitende sandte uns die Genehmigung.

Gott machte uns auch bei den Finanzen Mut: Ein kleines Mädchen, Schülerin der damaligen 1. Klasse, die sehr traumatische Erfahrungen im Krieg in Afghanistan gemacht hatte, äußerte einer Spenderin gegenüber: „Diese Schule ist so schön, sie darf nie kaputt gehen." Davon berührt, setzte sich diese Spenderin intensiv für die Schule ein. Zum Beispiel wird durch ihre monatlichen Zuwendungen bis heute eine komplette Lehrerstelle finanziert.

Die Schule wurde sukzessiv aufgebaut, und bald war ein Anbau nötig. Zur Finanzierung beantragten wir Stiftungsmittel. Im Sommer wurde dieser Antrag bearbeitet. Herr Wegner, Geschäftsführer des Elisabethstifts, war an einem Urlaubstag kurz im Büro, um etwas zu unterschreiben. Wie es dann manchmal so kommt, ergab sich noch dies und das und irgendwie „wurde er im Büro festge-halten" und schon sehr ungeduldig. Mittags klingelte das Telefon. Zu unserem Stiftungsmittel-Antrag gab es wichtige Fragen, von deren Antwort die positive Entscheidung abhängen würde. Eine Stunde später wäre der Abgabetermin. Auf einmal war es klar, warum Herr Wegner noch im Büro sein musste. Er war der Einzige im Elisabethstift, der diese Fragen beantworten konnte – und wir haben die Mittel erhalten.

Siebzig Schüler werden zurzeit an der Elisabethstift-Schule unterrichtet. Siebzig Schüler, von denen ein Großteil an Regelschulen als nicht beschulbar eingeordnet wurde und die jetzt ihren Klassenabschluss schaffen. Wir können es nicht anders erklären als damit, dass Gott für diese Kinder Wunder schenkt, weil sie ihm so unendlich wichtig sind – und wir geben Gott die Ehre dafür!

„Das ist vom Herrn geschehen und ist ein Wunder vor unsern Augen." (Psalm 118,23)

Elisabethstift Berlin

Von Türen und Fenstern

In meinem Leben wechselten eigentlich immer Aktivitäten und von Gott verordnete Ruhepausen ab. Achtzehn Jahre lang sammelten wir Kleidung etc., um sie an benachteiligte Menschen weiterzugeben. Über zehn Jahre packte ich Schuhkartons für „Geschenke der Hoffnung". Etwa drei Jahre lang befüllten wir für GAiN (*Global Aid Network*) Schulranzen, packten Bananenkartons voller Kinderkleidung und noch vieles mehr – und es machte Freude. Wie ich es schaffte, im Jahr 2005 ganze 501 Kisten und 2007 noch einmal 500 zu packen, weiß ich bis heute nicht. Und ich dachte, es ginge so weiter! Doch der Mensch denkt und Gott lenkt.

Am 1. November 2007 bekam ich einen Bandscheibenvorfall. Krankenhaus – wie geht es weiter? Von einem Moment auf den anderen, so empfand ich es jedenfalls, wurde mir *alles* aus der Hand gerissen. Wie reagierte ich? Verletzt, traurig, enttäuscht, auch sauer auf Gott. Es ging nicht ohne Tränen ab. Ich sah nur das Minus und konnte mich nicht damit trösten, wie oft Gott schon ein Minus durchkreuzt und ein Plus daraus gemacht hatte. Ich spürte nur das Endgültige: keine Schuhkartons, keine Ranzen packen, nichts mehr machen können. Auch meinem Mann konnte ich seine Mithilfe bei der Arbeit nach einem Bandscheibenvorfall und einer Leistenbruchoperation nicht mehr zumuten. Konnte das Leben ohne Gutes zu tun doch noch sinnvoll sein? Das fragte ich mich. Die Antwort ist: *Bei Gott schon*, aber so weit war ich

Ende 2007 noch nicht. Das ging so lange, bis ich Gott bitten konnte, mir eine andere Blickrichtung für mein/ unser weiteres Leben zu geben. Gott kann … und er kann auch neue Wege gehen.

Immer wieder ergeben sich Situationen, in denen mein Mann und ich als Beter herausgefordert sind, und Gott sei Dank können wir das noch. Viele Gebetsanliegen wurden in dieser für uns kritischen Zeit des Glaubens an uns herangetragen. Wollte Gott uns dadurch neue Aufgaben anvertrauen? Wieder vergingen fünf Monate, in denen in unserem Hauskreis kein Zusammenkommen zum Gebet möglich war. In dieser Zeit las ich in der Zeitschrift „Lydia" einen kurzen Satz von Vaclav Havel, der mich tröstete: „Hoffnung ist nicht die Überzeugung, dass etwas gut ausgeht, sondern die Gewissheit, dass etwas Sinn hat, egal wie es ausgeht." Da unsere Hände ja nun leer waren (Gott kann nur leere Hände füllen), warteten wir auf Gottes Antwort.

Schon oft hatte ich den Satz gesagt: „Wenn Gott eine Tür zuschlägt, öffnet er meist ein Fenster." In den letzten Monaten kristallisierte sich immer mehr heraus, dass unsere jetzt leeren Hände, die keine Schuhkartons mehr packen konnten, wohl dennoch gebraucht wurden: nämlich, um etwas ganz anderes weiterzugeben. „Könnten und sollten wir eine Stiftung für benachteiligte Kinder und Jugendliche gründen?" Diese Frage beschäftigte uns sehr. Wir legten es immer wieder Gott im Gebet hin.

Und dann schickte uns Gott Menschen über den Weg, die uns beim Aufbau der Stiftung halfen. Alles war Neuland für mich; die Experten kamen sogar aus Nürnberg und halfen uns. Inzwischen läuft es mit der Stiftung gut. Wir können bereits vier Kinderheime und Kinderclubs fördern.

Unbedingt erwähnen möchte ich dabei aber auch noch ein beeindruckendes Erlebnis, das ich im Herbst 2011 hatte. In dieser Zeit wurden über mehrere Wochen sehr viele Gebetsanliegen an uns herangetragen. Meine Gesundheit war wieder einmal angeschlagen. Aus diesem Grund fühlte ich mich von den vielen Nöten der anderen Menschen stark überfordert. Eines Tages kam mein Mann nach getaner Gartenarbeit ins Haus und fragte mich: „Wollen wir Bibel TV schauen?"

Ich war sofort dabei. Die vielen Lebensberichte waren immer eine große Kraftzufuhr für mich. Vorher hatte ich mich kurz zurückgezogen und Jesus im Gebet gesagt, dass ich mich fühle, als schlügen die Wellen über mir zusammen. Ich hatte keine Kraft mehr für weitere Gebetsanliegen von anderen; ich hatte ja mit meiner eigenen Kraftlosigkeit genug zu tun! Mein Mann schaltete also den Sender Bibel TV ein. Nach etwa fünf Minuten klingelte plötzlich unser Telefon. Als ich den Hörer abnahm, sagte eine freundliche Frauenstimme: „Sind Sie Frau Mahlke?"

„Ja."

„Hier ist Bibel TV. Haben Sie besondere Gebetsanliegen?"

Es haute mich fast um! Soll Gott so schnell handeln? Ich sagte der Dame, die sich namentlich vorstellte und die den Gebetskreis bei Bibel TV leitete, dass ihr Anruf eine ganz und gar schnelle Gebetserhörung von Gott sei, und sie versprach mir, dass ihr Gebetskreis mir etliche

Anliegen abnehmen werde. Wenn ich an dieses deutliche Eingreifen Gottes denke, läuft mir heute noch ein Schauer über den Rücken. Es war eine große Stärkung für meinen kleinen Glauben.

Edith Mahlke-Bleck

„Weihnachten im Schuhkarton" zu Ostern

Wer bekommt schon ein „Weihnachten im Schuhkarton"-Päckchen zu Ostern? Und dann noch zum griechisch orthodoxen Osterfest – Anfang Mai. Damit aber nicht genug: Es wurde in Zypern überreicht. Und wer war das große Kind, das den Schuhkarton erhielt? Ich! Mit dicken Tränen in den Augen. Wie kam das?

Nach einem halben Jahr voller Kälte, Schnee, Frost und immer wieder Erkältungen, Bronchitis, großer Schwäche, Allergien und schließlich noch einer schlimmen Blasenentzündung mit hohem Fieber entschloss ich mich, der Sonne nachzureisen. Und warum gerade Zypern? Ich wollte so gerne einmal den Spuren des Apostels Paulus folgen. Zwei Mitarbeiterinnen meines Pflegeteams begleiteten mich. Ende April trafen wir auf der Insel ein und wurden überschüttet vom Licht und einer herrlichen Wärme. Dichte Oleanderbüsche in vielen Farben säumten die Straßen. Rosen leuchteten aus den Gärten. Orangen- und Zitronenplantagen, dicke Pomelos, die sich zwischen breiten Blättern im Baum versteckten. Was für ein Wechsel innerhalb weniger Stunden! Aus der dürren, verfrorenen Natur in Deutschland, in der sich gerade erst die ersten grünen Blättchen aus den Zweigen hervortrauten, hinein in die überschäumende Fülle der Insel. Es war zum Jubeln schön!

Wie immer hatte mich der Flug schon tagelang vorher geängstigt. Die große Sorge – die Beförderung: *Wer hilft diesmal beim Transferdienst auf dem Flughafen? Wem gelingt es, meine fast 1,80 m auf einen kleinen Mini-Rollstuhl zu befördern, durch das Flugzeug zu ziehen und in die entsprechende Sitzreihe zu bugsieren?* In Berlin ging alles gut. Ich atmete erleichtert auf. Auf dem Flughafen Larnaka erschienen anstelle von zwei gleich vier Männer für den Transfer. Dabei sahen zwei von ihnen mit aufmerksamem Gesicht zu, wie mich die beiden anderen ähnlich dem Transport eines Beutetieres in meinen Rollstuhl beförderten. Es war die erste Flugreise mit dem neuen Elektrorolli. Wie habe ich Gott gedankt, als er, mit einigen Kratzern zwar, aber doch heil ankam!

Unser Hotel, speziell für Menschen mit einer Behinderung eingerichtet, befand sich in Polis, einem kleinen Ort nicht weit von Paphos entfernt. Ein Familienbetrieb mit liebenswerten Gastgebern. Als wir wieder einmal sehr spät zum Frühstück erschienen und ich mich entschuldigte, sagte die Hausmutter: „Du bist hier nicht in einem Hotel, du bist in einer Familie!" Schnell kamen wir mit den anderen Gästen ins Gespräch. Es ist eigenartig: Als Behinderter befindet man sich mit anderen Behinderten in einer Gemeinschaft der Leidenden. Da ist es ganz egal, wie die Behinderung des anderen aussieht. Jeder weiß: Wir müssen mit Begrenzungen und ständiger Hilfe und Unterstützung leben. So entsteht rasch eine Offenheit, eine Bereitschaft, miteinander zu sprechen, die ich früher nie in einem Urlaub erlebt habe.

Daher wusste man auch bald etwas über meinen Hintergrund – die „Schuhkartons" und die Zeitschrift *Entscheidung*. Und dann die Überraschung: Beim Frühstück am Ostermorgen stand auf meinem Platz ein wunderschön blau-rot eingeschlagener Schuhkarton. Gespannt sahen mich alle an: „Was wird sie jetzt sagen?" Ein Engländer, auch ein Rollstuhlfahrer, lächelte liebevoll und sagte: „Der ist für dich, den hast du dir verdient!" Ich war sprachlos und tief gerührt. Als ihn meine Begleiterinnen auspackten (meine Hände können es ja leider nicht), dachte ich an die vielen Kinder, die wir zu Weihnachten mit diesem Päckchen überraschen. Jetzt war ich genauso neugierig wie sie: Was steckte in meinem Karton?

Aber dann gab es auch eine große Enttäuschung: Ich, die ich das Meer so liebe, hatte mich wochenlang darauf gefreut, auch hinein zu können. Das Prospekt hatte es versprochen – die Wirklichkeit war anders. Entsprechende Umbauten waren noch nicht fertig. Nun schaute ich sehnsüchtig zu, wie andere entzückt hineinsprangen. Ach, wie oft habe ich mir ein Gummiboot mit Tragflächen und einem Lifter gewünscht, das mich hinausfährt. Dann sehe ich aber auch, was ich noch kann: riechen, schmecken, denken, mich unglaublich freuen an Gottes Gnade – und beten. Was für ein Geschenk, dass mir liebe Menschen jeden Tag ihre Hände und Füße zur Verfügung stellen!

Wie gerne hätte ich meinen Leidensgenossen dort erzählt, dass Gott durchträgt. Aber Gespräche über den Glauben waren kaum möglich. Man schaute mich freundlich an, wie: „Gut, wenn es dir hilft...", signalisierte aber zugleich: „Mich interessiert das nicht."

Und dann machte ich mich auf zu Paulus nach Paphos. An der Stelle, an der er und Barnabas das Evangelium verkündigt hatten, war eine Kirche gebaut worden. Als wir näher kamen, spielte gerade die Orgel. Was für eine Ehre, an der lebendigen Geschichte der Bibel teilhaben zu dürfen! Dafür nahm ich gerne die Schmerzen im Rücken und Steißbereich in Kauf, die sich über den langen holprigen Bohlenweg zur Kirche bemerkbar machten.

Der neue Rollstuhl ist eine große Freude, zumal ich ihn nach all den Jahren selbst fahren kann. Doch er liebt keine hohen Bordsteinkanten, er liebt auch keine dicken Steinplatten, die in unterschiedlicher Höhe die Bürgersteige bedecken, und schon gar kein Kopfsteinpflaster. Dann hüpft und ächzt er, springt auf und nieder, stürzt ab und erhebt sich wieder, wie eine Gämse über Bergspitzen. Hilfsbereite Menschen sehen mich in dem schwankenden, fast kippenden Zustand, greifen zu, wollen unterstützen. In ihren Augen spiegelt sich Sorge: „Gleich passiert etwas …!" Ach, könnte man nur die ganze Welt mit freundlichen Bürgersteigen versehen und Menschen, die sonst unbeweglich zu Hause liegen bleiben müssen, Rollstühle schenken.

Nach wie vor nehmen die physiotherapeutischen Übungen einen großen Raum ein. Werde ich nur zwei Tage nicht „durchbewegt", habe ich das beängstigende Gefühl, der Körper wird steif. Liege ich dann aber auf meinem geliebten Trampolin und die Therapeutin schwenkt meine Arme und Beine in alle Richtungen, denke ich beglückt: „Du lebst und dein jetziger Zustand ist noch nicht das Ende." Ja, ich kann jetzt tatsächlich kaltes Wasser an den Händen und Füßen spüren. Nicht so intensiv wie früher, aber ich merke es deutlich.

Wie froh bin ich jeden Tag über meinen vollen Terminkalender. Ich darf noch „dabei" sein. Gerade ist mein kleines Buch „In meinen Träumen kann ich laufen" (Brunnen Verlag) erschienen, eine Auswahl meiner Freundesbriefe. – Große Hoffnungen setze ich auf einen Artikel, den ich für die Pflege-Zeitschrift *ChrisCare* schrieb. Wir beten darum, dass sich vielleicht ein Leser dieser Zeitschrift für den Pflegedienst bei mir interessiert. – Wieder ist auch ein Interview in Vorbereitung, diesmal mit Bibel TV. Immer noch habe ich eine große Scheu vor der Öffentlichkeit. Was ist schon so besonders, dass ich es den Menschen sagen könnte? Es gibt unendlich viele Christen, die um ihres Glaubens willen verfolgt und umgebracht werden und deren leuchtendes Zeugnis die ganze Welt hören müsste! Was tut der Mensch nur dem Menschen an! Wie viel Hass kann ihn erfüllen, wie viel Vernichtungswillen. Bei einer kurzen Reise nach Polen in die Nähe von Danzig in das ehemalige Kahlberg (Krynica Morska) fuhren wir viele Stunden entlang an Feldern, Seen und Flussläufen, durch wunderschöne Wälder und Alleen, in denen sich die Baumwipfel zu einem hohen Dach wölbten. So viel Weite überall, so viel Frieden! Und doch haben hier im Zweiten Weltkrieg unendlich viele Menschen ihr Leben gelassen. Nichts gibt uns Sicherheit, nichts kann uns vor Katastrophen und Terror oder Schicksalsschlägen bewahren. Den einzigen Halt haben wir in dem Einen, der gesagt hat: „Mir ist alle Macht gegeben im Himmel und auf Erden" (Matthäus 28,18, ELB) – dem, der mit weit ausgebreiteten Armen am Kreuz von Golgatha hing und sagte: „Das tat ich für dich."

Manchmal denke ich ganz erschrocken: „So lange ist es schon her, seit der Unfall passierte. Und was hat sich inzwischen verändert?" Meine Dankbarkeit Gott gegenüber ist noch größer geworden. Und es bewegt mich tief, dass er mich in dieser Welt gebraucht. Manchmal habe ich den Eindruck, er hat noch eine neue Aufgabe für mich. Gott ist doch voller Überraschungen!

Dr. Irmhild Bärend

Wege im Schnee

Wer hat sich nicht schon einmal beim Schmuddelwetter im Winter über einen sonnigen, kalten Wintertag im Schnee gefreut? So richtig frische Luft und klare Sicht. Davon kann man träumen, das kann man sich wünschen. Dem Wintertag, von dem ich berichten möchte, fehlt diese Romantik allerdings.

Ich nehme Sie am besten mit in die Vergangenheit. Wir schreiben das Jahr 1963. Es ging auf das Frühjahr zu und wir hatten gehofft, der Winter wäre bald vorbei. Ich war ein junger Pastor und vertrat einen schwer kranken Freund und Amtsbruder im Thüringer Holzland. Jung verheiratet lebte meine liebe Frau noch zu Hause bei ihrer Mutter im Erzgebirge. Es war Sonntag; der letzte Dienst war getan und die Freude auf zwei gemeinsame Tage war groß. Vor mir lag eine Bahnfahrt von Gera nach Karl-Marx-Stadt, dem heutigen Chemnitz. Dann ging es mit dem Linienbus noch etwa dreißig Kilometer nach Gelenau/Erzgebirge. Von dort aus führt der Weg über eine Höhe mit Wald und freiem Feld nach Auerbach/Erzgebirge, etwa vier Kilometer einsamer Weg. Mit einer starken Akkutaschenlampe und meinem Köfferchen machte ich mich auf den bekannten Weg über die Höhe. Ein junger Mann stieg noch mit mir aus, aber der war bald verschwunden und ich war allein. Was ich nicht wusste: Das Wetter hier oben bescherte mir tiefsten Winter und ich merkte, die Straße wurde mehr und mehr unpassierbar. Schneeverwehungen und tiefe Dunkelheit führten, nachdem mir meine Taschenlampe den Dienst versagt hatte, zur Orientierungslosigkeit. Ich bin nachtblind und das Weiterlaufen schien aussichtslos. Ich sank tief in die Schneewehen ein und musste schließlich aufgeben. Da stand ich nun: in Halbschuhen, ohne Kopfbedeckung, und es war 21.00 Uhr. Wir hatten ausgemacht, wenn ich bis 22.00 Uhr nicht zu Hause bin, komme ich erst am anderen Tag. Ich hörte noch die Turmuhr, die zehn Mal schlug.

Dann begann der Schneesturm und es wurde noch kälter. Minus achtzehn Grad, und ich konnte nicht weiter. Obwohl ich wusste, hier ist keiner der mich hört, schrie ich um Hilfe. Das Heulen des Sturmes war die einzige Antwort. Ich dachte: *Du hast deinen Zuhörern von der Liebe Gottes erzählt, hast ihnen gesagt, der Herr ist auf eurer Seite, er vergisst niemanden, ihm ist keiner egal. Und ich stehe hier und werde im Schnee erfrieren.* Angst und Mutlosigkeit befielen mich und ich hatte das dringende Bedürfnis mich zu setzen. Ich war sehr müde und mir war kalt. Helfen konnte mir niemand. Die Umgebung war menschenleer. Aber ich hatte eine Verheißung, die ich auf jeden Fall nutzen wollte. Unser Vater im Himmel hat Asaf in Psalm 50,15 die Worte schreiben lassen: „... rufe mich an in der Not, so will ich dich erretten und du sollst mich preisen." Und ob ich gerufen habe! Eindringlich, laut, gegen den Sturm und die Kälte. „Herr, du hast mich in den Dienst gerufen! Wenn ich noch weiter dein Bote sein soll, dann gib mir ein Zeichen, lass es mich wissen. Wie soll es hier weitergehen?" Da wurde ich auf einmal ganz ruhig und wusste: Es geht weiter. Tiefer Friede war in meinem Herzen. Die Angst war vorbei und ich konnte mich daran machen, meinen Standort zu sichern. Ich musste ja aushalten bis der Morgen kommt. Zunächst habe ich meinen Platz standsicher getreten, und gegen das Einschlafen habe ich mir mit einem Brieföffner kleine Wunden beigebracht. Der Schmerz hielt mich wach.

Gegen 8.00 Uhr war dann die grausame Nacht vorüber. Mühsam suchte ich mir einen Weg durch die Schneemassen. Steifgefroren, sodass ich kaum noch gehen konnte, kam ich zu Hause an. Gottes Rettung war perfekt! Trotz Halbschuhen hatte ich warme Füße und ich wurde auch nicht krank. Nachdem ich vier Stunden geschlafen hatte und meine Frau von der Arbeit nach Hause gekommen war, haben wir gemeinsam die Stelle aufgesucht, auf der ich zehn Stunden lang gestanden hatte. Da entdeckten wir ein weiteres Zeichen der großen Bewahrung unseres Herrn Jesus Christus: Die Spuren zeigten deutlich, dass ich über einen zugefrorenen Teich gelaufen war. Der Herr hat seine bewahrenden Hände ausgestreckt und mich nur zwanzig Zentimeter an einer offenen Wasserstelle vorbei geführt, zurück ins Leben.

Immer, wenn ich wieder einmal ins wunderschöne Erzgebirge reise, werde ich an dieses Erlebnis erinnert. In jener stürmischen, kalten Winternacht hat mein Leben noch einmal begonnen, durch die helfende und bewahrende Hand Gottes. Ihm sei Ehre und Dank!

Und dieses Erlebnis ist auch wie ein Bild für all die Unwegsamkeit und Stürme in unserem Leben: Gott räumt uns den Schnee nicht einfach weg und schenkt uns, wenn wir frieren, wohlige Wärme – aber eines lässt er uns wissen: Wenn wir ihn anrufen, hört er uns zu und gibt uns Antwort. Sie wird so unterschiedlich ausfallen, wie wir Menschen unterschiedlich sind. Mir hat er damals gesagt: Ich lasse dich nicht untergehen, dein Weg geht weiter, halt dich an mir fest.

Tilo Naumann

Mit der „Timschal" von Wolgast nach Berlin

Die „Timschal": eine Segelyacht, die zum Überwintern von Wolgast nach Berlin überführt werden musste. Länge: etwa 11 m, Masthöhe: 12 m, Tiefgang: 2,65 m und Gewicht: 6 Tonnen.

Ein tolles Abenteuer lag vor mir und meinem Cousin, der ein erfahrener Seemann ist, aber keiner von uns beiden ahnte, was noch in den nächsten Tagen und Nächten auf uns zukommen würde. Eine Reise, die mich mit Sicherheit ein Leben lang nicht mehr loslassen wird. Vier Tage und Nächte waren wir auf einer Segelyacht der Natur und ihrer Laune völlig ausgeliefert. Da kam es zu Situationen, über die ich noch lange nachdenken musste, und mir wurde eins deutlich:

Wer mit Gott unterwegs ist, hat Gelegenheit, ihm selbst zu begegnen.

Was das für uns zu bedeuten hatte, wussten wir vor unserem Start jedoch noch nicht.

Wolgast, 18. Oktober 8.00 Uhr – geplanter Start
Das „Logbuch" – Die ersten Erfahrungen:

Der Nebel in Wolgast war so dicht, dass man das andere Ufer des Hafens nicht einmal erkennen konnte. Eine unfreiwillige Wartezeit. Der Zeitplan kam völlig durcheinander. Kein Start in Sicht.

Wie oft stehen wir in unserem Leben im Nebel. Still-
stand – Wartezeit – Ruhepause, wie man es auch nennen
will. So eine Pause kann sehr erholsam sein, vorausge-
setzt, sie ist freiwillig. Doch was, wenn sie uns unfreiwil-
lig trifft? Achten wir dann auf das, was uns Gott even-
tuell sagen oder beibringen möchte, oder versuchen wir
alles Mögliche, um trotzdem weiterzukommen? Von Gott
verordnete Ruhezeiten sind nicht nur heilsam, sondern
auch gewinnbringend, selbst wenn wir meinen, keine
Zeit für so etwas zu haben!

Wolgast, 18. Oktober 12.00 Uhr – Leinen los: Abfahrt Richtung Stettin

Die Sonne kam durch, es wurde ein herrlicher
Spätsommer-Nachmittag. Die Bojen der Fahrrinne waren
gut zu erkennen, sodass es kein Problem war, das Schiff
gut auf Kurs zu halten, und solange man die Bojen gut
erkennen kann, kann eigentlich kaum etwas schiefgehen.

Gott zeigt uns auch solche „Bojen" in unserem Leben.
Wir können klar unser „Fahrwasser" erkennen und
unser (Lebens-)Schiff problemlos auf dem richtigen Kurs
halten. Ideale Bedingungen, klare Sicht, der Weg gut zu
erkennen. Ja, so kann das Leben richtig Spaß machen.
Vorausgesetzt, wir beachten auch die „Bojen", die uns
den Weg weisen.

18. Oktober 20.30 Uhr. Unser Ziel: Stettiner Hafen, doch mit einem unfreiwilligen Zwischenstopp

Es war stockfinster. Nur die Leuchtbojen und der Kompass
konnten uns noch den Weg zeigen. Unser nächstes Ziel,

das wir ansteuern mussten: Die polnische Grenze und das Patrouillenboot der polnischen Grenzpolizei, und dann natürlich den Hafen in Stettin.

Die Situation hatte sich völlig verändert. Das Wasser wurde unruhig und selbst die Leuchtbojen waren nur sehr schwer oder gar nicht zu erkennen. Doch schließlich erreichten wir das polnische Grenzboot. Dort mussten wir uns kurz anmelden und das Ziel in Polen nennen. Also kein Problem und trotz der Dunkelheit weiter in Richtung Stettin.

Doch dann schienen alle Bojen wie vom Erd (oder See-) boden verschluckt. Es war nichts mehr zu erkennen, aber laut Kompass stimmte die Richtung.

Plötzlich riss mein Cousin heftig das Ruder herum, sodass die ganze Yacht in eine bedrohliche Schieflage geriet. Was war geschehen? Wir gerieten unbemerkt in eine größere Ansammlung von Fischernetzen. Wenn eine Schiffsschraube in ein solches Netz gerät, kann es sein, dass sie sich in diesem Netzgewebe dermaßen festfrisst, dass sie sich nicht mehr bewegen lässt. Unvorstellbar, was hätte unternommen werden müssen, um das Schiff wieder flott zu bekommen – von den Kosten ganz abgesehen. Das wäre das erste Aus für diese Nacht und unsere Weiterreise gewesen! Doch, Gott sei Dank, es ist uns nichts weiter passiert. Nur der Schreck saß uns beiden tief in den Knochen.

Mit einmal blendete uns ein unbeschreiblich heller Scheinwerferkegel und wir sahen erschrocken, wie eine weiße Leuchtkugel in die schwarze Nacht geschossen wurde: Mein Cousin wusste sofort, was das zu bedeuten hatte: Eine Warnung der polnischen Grenzbesatzung. Wir drehten bei und es ging zurück zum Grenzposten. Zum Glück folgte eine grüne Leuchtkugel, was zunächst einmal die Entwarnung bedeutete. Als wir dort ankamen, sagte man uns, dass wir vom Kurs abgekommen wären und die Gefahr bestand, mitten in ein Gebiet voller Fischernetze zu fahren. Was war die Ursache für diese Kursabweichung? Der Steuermann hatte eine Leuchtboje übersehen! Nach einer genauen Wegbeschreibung von den Grenzbeamten konnten wir dann erschöpft und müde den nächstgelegenen Zielhafen ansteuern und uns in unsere Kojen fallen lassen. Der Traum vom Hafen Stettin war für diesen Tag geplatzt.

Wie oft ist es Nacht um uns, aber unsere Lebensreise geht weiter. Die Bojen, die uns den Weg zeigen sollen, sind nur schwer oder gar nicht zu erkennen. Erhöhte Konzentration ist unbedingt nötig und eine ganze Menge mehr Kraft, um auf Kurs zu bleiben. Die Anspannung ist enorm. Achtsamkeit und Ausdauer sind Voraussetzungen, um den richtigen Kurs zu halten. Doch trotz aller Anstrengungen schaffen wir das oft nicht allein und würden erbarmungslos in so gefährliche „Fesseln" wie diese Fischernetze geraten. Aber so, wie wir das auch in dieser Nacht erlebt haben und die Leuchtkugeln von der polnischen Grenzpolizei für die rettende Kursänderung sorgten, so sendet Gott uns auch, wenn nötig, unübersehbare Signale, die uns wieder in das richtige, manchmal auch rettende Fahrwasser bringen.

Mir persönlich gibt das ein gutes Gefühl, sicher und geborgen zu sein. Gott selbst achtet auf meinen richtigen Kurs. Er überlässt uns das Ruder, ist aber immer da, wenn wir auf seine Unterstützung und auch Korrektur angewiesen sind.

19. Oktober – Nächstes Etappenziel: Stettiner Hafen

Diese Etappe verlief ziemlich ohne Probleme, obwohl das Wasser sehr unruhig war. Wellen und Gegenwind machten uns zum Teil die Fahrt sehr schwer. Gegen Abend war dann der Stettiner Hafen schon zu sehen. Entspannung, die ersehnte warme Dusche und ein gepflegtes Abendessen in aller Ruhe waren in unmittelbare Nähe gerückt.

Doch trotz größter Aufmerksamkeit liefen wir in der letzten Kurve auf Grund. Nichts ging mehr. Alles, wonach wir uns so sehr gesehnt hatten, war nun unerreichbar weit weg.

Was noch nie der Fall gewesen war, trat heute ein: Mein Übergewicht leistete gute Dienste und kam zu einem wertvollen Einsatz. Ich rannte immer wieder vom Bug zum Heck, hin und zurück, und auf diese Weise konnte ich das Schiff zum Wippen bringen. Der Erfolg ließ nicht lange auf sich warten: Das Schiff kam frei und das Ziel war greifbar nahe.

Dieses Tagesende hatte es in sich gehabt, aber der Abschluss war einfach ein Genuss: Erleichterte Entspannung, eine warme Dusche, wohltuende Versorgung und heilsame Ruhe!

Ja, so geht das manchmal ganz schnell, einfach stecken geblieben! Und das so kurz vor dem Ziel. Alles schien klar und erreichbar. Wir planten ja schon, was wir tun wollen, wenn das Ziel erreicht ist. Doch schon wieder kam alles anders, als wir geplant und erhofft hatten.

Erneut eine gute Möglichkeit für Gott, uns aus einer Zwickmühle zu befreien. Wenn wir mit unserer Weisheit am Ende sind, ist das für Gott die beste Möglichkeit, deutlich wirksam zu werden und helfend einzugreifen! Er schenkt oft genug gute Ideen und benutzt mitunter vorhandene Fähigkeiten, um uns aus der Klemme zu helfen. Und er schenkt auch wieder Beruhigung und dann auch die Möglichkeit einer erfrischenden Erholung.

Stettin, 20. Oktober 8.00 Uhr. Weiterfahrt auf dem Oder-Havel-Kanal zum Schiffshebewerk Niederfinow

Die Fahrt ging nun auf diesem Kanal weiter. Das Wetter war bewölkt aber klar und daher hatten wir fast problemlose Fahrt. Fast, wenn da nicht diese fürchterlich langsamen Schleppkähne, meist aus Polen, auf dem schmalen Kanal schippern würden. Ein Ausweichen, um uns kurz mal Platz zu machen, kam den „Schlepperkapitänen" natürlich nicht in den Sinn. Da konnte uns nur Geduld helfen.

Ja, so ein Schleppkahn ist langsam, nimmt viel Platz ein und ist unbeweglich. In meinem Leben begegne ich immer wieder solchen „Schleppkähnen". Sie bremsen mich einfach aus und es gibt keine Chance, sie problemlos zu überholen oder ihnen auszuweichen. Wer kennt so etwas nicht, ein Hindernis, das uns einfach aufregt und ärgert. Das erinnert mich an den Straßenverkehr. Da tuckern auch manchmal solche „Schleppkähne" vor mir her. Kein Vorbeikommen, einfach nur Stress!

Und noch etwas, was wir nicht vergessen dürfen: Manchmal bleibt uns keine andere Möglichkeit, als einem Hindernis hinterher zu schleichen. Auch wenn es uns schwerfallen mag: Es geht zeitweise nur langsam voran! So gibt es auch in unserem Leben von Gott verordnete Geduldsproben. Auch wenn wir murren und strampeln, es geht nach Gottes Plan. Ihm sind alle Hindernisse bekannt und er allein weiß, wann die lästigen Hindernisse aus unserem Weg geräumt werden müssen, damit wir nicht mutlos werden.

Berlin, 21. Oktober – Ankunft 19.00
Was blieb:

Praktische Erfahrungen auf dem Wasser, bei denen man den Naturgewalten direkt ausgesetzt ist. Die Jünger mussten auch so eine üble Erfahrung machen, als sie auf dem See Genezareth übersetzen sollten. Da war sogar Jesus bei ihnen mit im Boot; dennoch hatten sie schreckliche Angst, als die Wellen in ihr Boot schlugen und sie menschlich gesehen davon ausgehen mussten unterzugehen. Also ich kann die Jungs jetzt etwas besser verstehen.

Wie gut: Die Hilfe Gottes ist überall die gleiche, ob auf dem Wasser, in der Luft oder auf dem Land. Das habe ich nicht nur auf dieser Schiffsreise erlebt.

So hat sich auch die wunderbare Möglichkeit geboten, Gott von einer Seite kennenzulernen, wie ich sie bislang noch nicht erlebt hatte. Ich durfte in dieser für mich völlig neuen und ungewohnten Situation seine Hilfe „live" erfahren, und mit einem dankbaren Herzen kann ich erleichtert feststellen:

Wenn wir unser Lebensruder mehr Gott überlassen würden, dann gäbe es vielleicht so manches Problem für uns nicht. Stattdessen sind wir geneigt, unser Ruder oft selbst in die Hand zu nehmen, und geraten dann in Situationen, wie wir sie auf dieser abenteuerlichen Reise von Wolgast nach Berlin erlebten.

Und noch etwas: Bei einer solchen Schiffsreise kann man nicht einfach von Bord gehen und den anderen dann allein weiterfahren lassen. Da wird alles gemeinsam begonnen und vollendet. Auch in stressigen Situationen wird das gemeinsame Ziel nicht aus den Augen verloren und es gibt nur eins: Gemeinsam sind wir stark, und wenn wir stark sind, dann erreichen wir auch das Ziel, vorausgesetzt, wir lassen Gott unseren Steuermann sein. Und wenn einer mal durchhängt, ist ja ein anderer da, um helfend einzuspringen; das bedeutet: kein Stillstand, es geht weiter.

Dieser Anschauungsunterricht hat mir gut getan: Allein ist es viel schwerer als gemeinsam! So sieht es Gott auch, sonst hätte er uns nicht mit so vielen Menschen zusammen ins Leben gestellt.

Ulrich Breest

Gott – der Konstrukteur unseres Lebens

Da meine körperliche Kraft seit vielen Jahren begrenzt ist, frage ich Gott oft und immer wieder: „Herr, was ist jetzt dran? Was soll ich tun?" Und dann bitte ich Gott, dass er mir hilft, das auszuwählen, was auch er für mich im Sinn hat. Genau das gibt meinem Leben dann Inhalt.

Jesus hat einmal gesagt: „Bei mir findet ihr, was eurem Leben Sinn und Ruhe gibt" (siehe Matthäus 11,28–30). Jesus kennt und versteht unsere Lebensumstände ganz genau, denn er ist der Konstrukteur unseres Lebens, mit allen Höhen und Tiefen. In seinem Wort, der Bibel, gibt er uns eine Gebrauchsanweisung für jeden Tag. Nur so, in einer intakten Verbindung mit Gott, kann ich echte Freude und Frieden finden. Dann weiß ich auch, dass Gott mich festhält. Er sieht mit dem Herzen den ganzen Menschen.

Ein Rabbi antwortete einmal auf die Frage: „Warum erfahren wir die Nähe Gottes so wenig?" – „Weil sich niemand so tief bücken will." Gott hat sich so tief zu uns geneigt, dass man sich ganz klein machen muss, um ihm nahe zu kommen. Ich denke, das ist eine gute Nachricht für alle, die sich klein oder am Boden fühlen, aber auch für viele, die übersehen werden. Für Gott sind sie wichtig, weil er mit dem Herzen sieht.

Das „Dennoch" des Glaubens
In dem christlichen Kalender „Wort für heute" las ich einmal: „Wenn wir anderen von Gottes Hilfe und seinem

Eingreifen in unserem Leben erzählen, ist dies eine Form, *Gott zu loben.*"

Wenn wir Gott um etwas bitten und er es uns schenkt, vergessen wir schnell, was Gott uns Gutes getan hat. Gerade deshalb ist es auch so wichtig, Gemeinschaft mit anderen Menschen zu pflegen, die auch Jesus nachfolgen – die durch ihre Verbundenheit mit Jesus Freud und Leid miteinander teilen, sich gegenseitig stützen und tragen, ertragen und mittragen, Leid zulassen und mitleiden können. Deshalb stellt Gott uns in der Familie der Christen „Geschwister" zur Seite, damit wir uns häufiger gegenseitig Mut machen, indem wir einander erzählen, was wir mit Gott erlebt haben.

Ein altgewordener Mensch richtet seinen Blick auf seine zurückliegende Lebensgeschichte, und mit diesem Rückblick kann er Gott ehren, indem er sich fragt: *Wer ist Gott? Was tut Gott? Was hat Gott schon für mich getan?* Indem ich mir die kleinen und großen Taten Gottes ins Gedächtnis rufe, *ehre ich ihn.*

Und das, so las ich einmal, sollten wir nicht bis auf das Ende des Lebens verschieben, denn keiner kann sein Ende voraussehen. Wer es sich zur Gewohnheit macht, Gott täglich zu loben, dem wird es auch am Ende nicht schwer fallen, Gott zu loben, selbst wenn die Tage schwieriger werden.

„Warum sollte ich mich wehren, wenn der Pflug meines Herrn tiefe Furchen zieht? Er hat ja die Ernte im Auge" (Quelle unbekannt). Gott hat mein Ziel im Auge.

Der Prediger Oswald Chambers sagte einmal: „Rede mit Gott über alles, was dir auf dem Herzen liegt. Dann sage Amen und gehe in Ruhe deinen Alltagsbeschäftigungen nach. Er ist bei dir, führt dich weiter bis zum Ziel. Gott behält alles im Auge; Gott unser Vater ist auch dann bei uns, wenn wir vor Verzweiflung am Boden liegen" (Quelle unbekannt).

Gott hält uns fest, darauf dürfen wir vertrauen. Eine Krise kann zur Chance werden, weil sie mich herausfordert, mein Leben neu zu ordnen oder Fragen anders und neu zu beantworten.

Krise und Chance – ein durchkreuztes Minus wird zum Plus

„In der Bibel in Lukas 1,18–25 ist zu lesen, wie der Priester Zacharias stumm wird, weil er nicht glauben kann, was der Engel verheißt. Es ist Strafe (Krise) *und* Chance. Die Chance besteht darin, dass Gott in Zacharias' Stummheit redet, während Zacharias schweigen muss. Der Engel hat ihm die Sprache genommen (neun Monate lang), damit er umkehrt und glaubt." – So heißt es in einem Beitrag von Petra Reinicke zu dem christlichen Kalender „Wort für heute". Sie schreibt weiter: „Wir können die kleinen und großen Krisen unseres Lebens nicht als Geschlagenwerden, sondern als Chance zur Umkehr begreifen." (Dieses Wort „Umkehr" wird später übrigens einmal das Thema des Täufers Johannes – Zacharias' Sohn.)

Wenn ich mein Leben dementsprechend Revue passieren lasse, hat Gott tatsächlich oft Krisen, die ich als Minus ansah, mit seinem Kreuz durchkreuzt und ein Plus daraus gemacht.

Die drei Pullover, oder: Ein Stein fällt ins Wasser und zieht Kreise

Es begann 1991 mit drei Pullovern aus meinem Kleiderschrank. Ich hatte sie aussortiert, um sie mit einem Hilfstransport unserer Gemeinde nach Rumänien mitzuschicken.

Damals erzählten wir auch anderen Leuten von diesem Hilfstransport, und so kamen durch Mundpropaganda noch viele gute Sachen zusammen. Ich merkte auch deutlich, dass Helfen Freude bringt. So fiel, wie man manchmal sagt, ein Stein ins Wasser und zog viele Kreise.

Kurz nach dem Mauerfall 1989 begannen wir, mit dem Missionswerk *Neues Leben* und anderen Hilfswerken zusammenzuarbeiten. Zwischenzeitlich gab es auch Unterbrechungen, aber es tat sich jedes Mal etwas Neues auf. Wir sammelten Hilfsgüter: gebrauchte Garderobe für Erwachsene und Kinder, Schuhe, Wäsche, Decken, Haushaltsgegenstände und Geschirr. Nur gut, dass wir zwei Schuppen hatten, wo alles gestapelt werden konnte. Die Auslandshilfe des Bundes Freier evangelischer Gemeinden sandte alle drei Monate einen Siebeneinhalbtonner (manchmal auch einen größeren Lkw) nach Berlin, um all die angenommenen und in Alt-Glienicke von vielen lieben ehrenamtlichen Helfern sortierten und verpackten Sachen transportfertig zu machen.

Es war eine gute Zusammenarbeit – aber es wurde immer mehr. Das möglichst zügige Beladen des Lkw, an dem sich neben dem Fahrer noch etliche Helfer beteiligten, unter ihnen auch mein Mann, war schwere Arbeit. Bei einer solchen Verladeaktion zog sich mein Mann einen

Bandscheibenvorfall zu. Das war das eine Stoppschild; zum anderen lief auch der Mietvertrag für die Räumlichkeiten in Alt-Glienicke aus, und durch die steigenden Benzinpreise waren die Transporte bald nicht mehr machbar.

Sollte jetzt mit allem Schluss sein?, fragten wir uns.

Wir hatten in all den Jahren viele liebe „Brückenbauer", Helfer, kennengelernt, die uns immer wieder erzählten: „Ehe wir die Sachen zum Flohmarkt bringen, bekommen sie Mahlkes." Dank Gottes Hilfe brauchte mein Mann nicht wegen des Bandscheibenvorfalls operiert zu werden. Insgesamt gesehen dauerte seine Behandlung jedoch zwei Jahre. Wie oft fragten wir uns und Gott in der Zeit: „Herr, sollen wir weitermachen? Aber wenn ja, dann können wir es nur noch im ganz Kleinen tun."

Und genau so öffneten sich Türen. Uns wurden weiterhin viele Sachen gebracht (von den meisten Leuten hatte ich nicht einmal eine Telefonnummer, um absagen zu können).

So fand sich jemand, der die von mir sortierten Sachen fast wöchentlich im Pkw zu Waisenhäusern, Schulen und Pflegeheimen oder an benachteiligte Familien nach Polen und später auch durch GAiN (*Global Aid Network,* ein Ableger von *Campus für Christus*) nach Rumänien, in die Ukraine und nach Armenien bringen konnte. Immer wieder, wenn wir aufgeben wollten, taten sich andere, neue Möglichkeiten auf.

Wie oft fragten wir uns: „Was ist Gottes Plan für unser Leben?", und bekamen die Antwort: „Sorgt euch um nichts, sondern in allen Dingen lasst eure Bitten im Gebet und Flehen mit Danksagung vor Gott kund werden" (Philipper 4,6).

Was Gottes Worte mitten im Alltag bewirken können, lässt uns immer wieder staunen! So sehen wir, dass der Glaube an Gott uns immer wieder neu Hoffnung für die Gegenwart und für die Zukunft vermittelt. Und deshalb liebe ich Gott, weil er mich zuerst geliebt hat und mir meine Schuld vergeben hat. Gott ist von uns immer nur ein Gebet weit entfernt, auch wenn wir nichts von seiner Gegenwart spüren. Diese Nähe gibt Hoffnung auch für die Zukunft. Und von dieser Hoffnung, die sich fest auf Gottes Wort, die Bibel, stützt, denke ich, sollen wir weitersagen! Die Bibel spricht nicht von einem durch menschliche Leistung machbaren Erfolg, sondern dort, wo etwas gelingt, von Gottes Segen. Segen ist Gottes Geschenk, er ist unverfügbar. Man kann ihn nur erbitten. Doch so können Menschen, die zu Gott gehören, trotz Krisenzeiten Freude, Frieden und Geborgenheit in Gott erleben.

„Weihnachten im Schuhkarton" – Wir werden „Hochstapler"

Nun konnten wir zwar nichts mehr für die Auslandshilfe unseres Gemeindebundes tun, doch im Jahr 1997 machte Gott mich auf die Aktion „Weihnachten im Schuhkarton" aufmerksam. Dieses Projekt für Kinder in armen Ländern, die meistens nur dieses eine Geschenk im Jahr bekommen, konnte ich zu Hause betreuen, so, wie ich kräftemäßig und gesundheitlich dazu in der Lage war.

Am Anfang beklebte ich im Liegen Schuhkartons mit Aufklebern und füllte sie mit kleinen Spielzeuggeschenken, Kuscheltieren, Buntstiften, Heften, Kleidung, Zahnpflegemitteln und Bonbons. Beim ersten Mal waren es wohl 35 Schuhkartons.

Im zweiten Jahr machte es mir immer noch genauso viel Freude, wenn ich die Berichte von der Übergabe der Schuhkartons an die Kinder in Waisenhäusern und notleidenden Familien oder an Straßenkinder las. Während einer Weihnachtsfeier werden die Geschenke den Kindern überreicht. Das glückliche Strahlen in ihren Augen, das ich auf den Fotos sah, und zu hören, dass vor Freude so mancher der Schuhkartons abends mit ins Kinderbett genommen wurde – das spornte mich schon wieder für die nächste Saison an.

In den folgenden Jahren waren es 75, 110, 120, 300 Schuhkartons. Im November 2007, dem für mich letzten Jahr mit „Weihnachten im Schuhkarton", entstanden sogar – ich konnte selbst es kaum fassen – 431 gepackte Kartons.

Damit will ich gar nicht sagen, dass ich selbst so viel geleistet habe. Ich möchte eher davon berichten, wie Gott mir Menschen über den Weg geschickt hat, die von der Aktion gehört hatten. Viele von ihnen boten mir von sich aus an, sich selbst Schuhkartons zu besorgen und diese zu bekleben, sodass ich sie dann nur noch füllen musste. Vor allem drei liebe Menschen sind mir dabei vor Augen, denen diese Arbeit genau so viel Freude wie mir machte.

Oft wurde ich gefragt: „Wo bekommen Sie denn all die Dinge her, die Sie in die Schuhkartons packen?" Darüber staunte ich selbst oft. Wenn etwas fast „aus" war, gab es irgendwoher wieder Nachschub. Einer sagte es dem anderen und wieder zog es Kreise. Selten musste ich um Dinge für die Schuhkartons bitten. Ich setzte mir auch kein Ziel, wie viele Kartons ich schaffen wollte. Es gab Tage und Wochen, in denen ich gar nichts machen konnte, weil ich die Kellertreppe nicht hinuntersteigen konnte oder andere Schmerzen mich plagten. Dann stand die Frage im Raum: „Herr, was ist denn jetzt dran?" Ging es mir wieder besser, wurde weitergemacht, und ich war dankbar dafür.

Ganz besonders schön waren für mich Tage, an denen uns Leute Spielzeug, Puzzles und/oder Dinge für die Schuhkartons brachten. Eine Firma unterstützte uns darin. Es waren alles neue Sachen, aber oft war etwas kaputt, und so sagte ich oft zu meinem Mann, wenn ein Anruf zum Abholen kam: „Du, heute ist wieder Heiligabend." Vieles reparierte mein Mann, und ich konnte im Liegen vieles nähen und wieder gut brauchbar machen.

Georg Eichholz prägte die Worte: „Gott ist uns im Wissen um das, was wir brauchen, eine Ewigkeit voraus."

Eine der lieben Helferinnen, die die Schuhkartons beklebte, besorgte vom Flohmarkt Puppen („Nackedeis") und bestrickte sie auf geschickte Art. Gleichzeitig war sie die beste Puppenfriseuse und -kosmetikerin. Das Endprodukt waren super gestylte, süß angezogene Puppen, die dann im Schuhkarton die große Reise zu den Kindern antraten. Natürlich wurden diese „Prachtstücke" auf Fotos festgehalten, damit sie uns, auch wenn sie schon längst bei den Kindern angekommen waren, noch in guter Erinnerung blieben.

Eine weitere Tür tut sich auf

Eines Tages las ich einen Artikel von GAiN, einem Arbeitszweig der christlichen Organisation *Campus für Christus*. Dort wurden gebrauchte und gepackte Schulranzen und -rucksäcke für Kinder, die in armen Ländern eingeschult werden, gesucht.

Damit tat sich wiederum eine neue Tür auf. Noch von unserer ehemaligen Arbeit mit der Auslandhilfe wusste ich von einer Adresse, die des Öfteren leere Schulmappen als Spende gebracht hatten. Zunächst nahm ich die ganze Sache ins Gebet. Dann machte Gott ein Fenster nach dem anderen auf. Ich bekam die Telefonnummer der Spenderin bei uns in Berlin und erfuhr, dass ihre Tochter in Thüringen diese Schulmappen quasi „vom Sperrmüll", also vom Straßenrand, holte. Diese Mappen wurden von ihr mit viel Liebe sauber geschrubbt, getrocknet, und ich bekam sie dann als „Thüringer Schulmappen-Express". Aber all diese wie neu aussehenden Mappen kamen nicht leer hier an, sondern mit viel Liebe und Zeitaufwand gefüllt: mit von ihr gesammelten Kuscheltieren, Schulheften, Linealen und Hefthüllen, Federtaschen mit Buntstiften etc. – mit allem eben, was ein Schulkind braucht.

Beten und Lesen statt Aktivität

Natürlich war für mich an diesem Tag wieder „Heiligabend". Die Freude war groß, wenn die Eltern der jungen Frau mir einen Pkw voll Ranzen brachten. Ich packte dann die Mappen speziell für ein Schulkind fertig, auch mit Kleidung und allem, was einem Kind Freude macht (Kuscheltiere zum Beispiel) und was es braucht.

Alle diese Menschen, die mir diese Sachen sozusagen „vor die Haustür" brachten, wurden für uns Freunde und Weggefährten. Diese Beziehungen gilt es auch zu pflegen; unter anderem dadurch, dass wir für sie beten. Corrie ten Boom sagte einmal: „Das Größte, das wir füreinander tun können, ist, füreinander zu beten." Und Hans von Keler bringt es auf den Punkt: „Gebet ersetzt keine Tat, aber es ist eine Tat, die durch nichts ersetzt werden kann." Gott weiß ganz genau, was er tut! Kommt wieder eine erneute Schmerzphase in meinem Leben, in der ich viel liegen muss, habe ich mehr Zeit und Gelegenheit, noch intensiver für alle und alles zu beten. Und doch passt mir diese Zeit gar nicht, da ich gern rührig und aktiv bin. Immer noch, auch nach über 40 Jahren, kann ich es nicht gleich verstehen und annehmen – also heißt es weiter lernen.

Der Gewinn

Wieder einmal sah ich eine Krankheitsphase als Minus an – bis Jesus das prompt durchkreuzte und daraus ein Plus entstehen ließ. In solchen Zeiten hilft mir Lesen am besten. In dieser speziellen Situation kam mir ein Heft von *Neues Leben* gerade richtig. Auf mehreren Seiten stand ein Artikel von Rick Warren, dem Autor des weit verbreiteten Buches „Leben mit Vision". Der Inhalt fesselte mich, und gleichzeitig war damit ein Preisrätsel verbunden. Ich merkte, dass mir das ganze Aufnehmen, Abwägen und Entscheiden für eine Antwort Freude machte.

Also löste ich das Rätsel und schickte es per Fax ab. Nach mehreren Wochen, ich hatte schon gar nicht mehr an das Preisrätsel gedacht, erhielt ich von der *Neues*

Leben-Redaktion einen Brief. „Sie haben gewonnen – ein Exemplar *Leben mit Vision*."

Ich freute mich riesig. Als ich aber nach einigen Tagen telefonisch mit einem Mitarbeiter sprach, staunte ich nicht schlecht als er mir sinngemäß berichtete: „Die Ziehung der Gewinner hatte irgendwie nicht geklappt und es musste notgedrungen noch einmal gezogen werden ... und da fiel dann das Los auf dich!" Ich war baff. So gebraucht Gott anscheinend manchmal „Pannen" im Leben.

Jedenfalls begann ich sofort, das Buch zu lesen, und ... fand mich selbst darin wieder. Während ich las, musste ich an viele liebe Freunde denken, denen dieses Buch vielleicht ebenfalls helfen könnte. Als ich das Buch ein zweites Mal las, wurde mir der Gedanke immer dringlicher: *Bestelle das Buch in größerer Menge.* Erfreulich war auch, dass ich dadurch sogar einen günstigeren Preis erzielen konnte.

Da das Weihnachtsfest nahte, hatte ich eine gute Gelegenheit, dieses Buch zu verschenken. Ich bekam viele positive Reaktionen, die mich darin bestätigten, das Buch weiterhin zu verschenken. Natürlich gab es auch einige wenige negative Reaktionen, oder es kam gar kein Echo – aber ich überließ die Sache jetzt ganz Gott und bat ihn, das Beste daraus zu machen. Er kann es und wird es tun – da bin ich mir sicher.

So waren auch diese erneute Schmerzphase und das Liegenmüssen nicht sinnlos; letztendlich gab es auch dafür wieder einen Sinn, und das machte mich froh. Man sagt nicht umsonst: „Die besten Geschichten schreibt das Leben!"

Wir bekommen Einquartierung

Ein anderes wunderschönes Erlebnis aus jüngerer Vergangenheit muss ich noch unbedingt erwähnen:

Ich bin beim Mittagkochen. Es klingelt. Ein Mann steht vor mir und fragt mich: „Frau Mahlke, können Sie noch Kuscheltiere gebrauchen?" – „Kuscheltiere? Ja, gern, immer!" – „Ja, es sind aber nicht nur drei oder vier... ich habe knapp *500 Elche* in meinem Auto!"

Mir verschlug es erst einmal die Sprache – so platt war ich schon lange nicht mehr! Der Mann erzählte mir dann, dass seine 14-jährige Tochter ihre gesamte Elch-Sammlung (sie waren alle mit Nummern versehen und hatten Namen) für bedürftige Kinder spenden möchte.

Ein freudiger, heiß-kalter Schauer lief mir über den Rücken. Es waren Kuscheltiere, Elche, nagelneu von klitzeklein bis ganz groß (bis etwa 1,20 m), sieben große blaue Plastiksäcke voll.

Dieses Erlebnis, diese Elch-Sammlung eines 14-jährigen Mädchens, an der gewiss noch ihr ganzes Herz hing, gab mir riesigen Auftrieb zum Weitermachen – und das sagte ich diesem Mann auch.

Etwas später lernte ich die Tochter sogar persönlich kennen, und sie erzählte mir, dass sie zuletzt noch ihre ganze Elch-Sammlung fotografiert hätte.

Zum Weihnachtsfest konnten wir ihr mit einem großen Janosch-Kalender eine Freude machen.

An dem Tag, als die Elche bei uns Einzug hielten, ging sogar noch ein stiller Wunsch von mir in Erfüllung: Mein Mann brachte mir alle Tiere ins Wohnzimmer und ich stellte sie auf. Es war die reinste Einquartierung. Kein

Sessel und keine Ecke blieben frei, und dann machten wir Fotos, um dieses Liebesgeschenk des 14-jährigen Mädchens nie zu vergessen.

Je nach Größe und Beschaffenheit, die Kuscheltiere waren ja alle wunderschön, wurden sie dann in „Weihnachts-Schuhkartons", in Schulmappen und Rucksäcke gepackt. Die ganz großen gingen gleich nach einigen Tagen mit einem Transport zu GAiN und damit nach Rumänien, in die Ukraine und nach Armenien.

Mein Mann war vor Weihnachten 2003 selbst nach Polen mitgefahren und hatte dort die verschiedenen Weihnachtsfeiern und Verteil-Aktionen von „Weihnachten im Schuhkarton"-Geschenken an Kinder von 2 bis 16 Jahren miterlebt. Anschließend erzählte er uns von den strahlenden Kinderaugen und der großen Freude über einen gepackten Schuhkarton. Er überzeugte sich auch von der sehr guten Organisation und den langen Vorarbeiten von „Geschenke der Hoffnung" für dieses jährlich einmal stattfindende Freudenfest mit Weihnachtsbotschaft für die Kinder. Und von dieser Reise mit so vielen frohen Eindrücken erzählte mein Mann dann auch hier in Berlin einer Schulklasse!

Mit Jesus in der Mitte wollen wir auch die nächsten Schritte gemeinsam wagen. Wir brauchen seinen Segen, damit unser Leben gelingen kann und sinnvoll bleibt.

Edith Mahlke-Bleck

Urlaub in Tschechien ein Jahr nach dem „Prager Frühling"

Wir waren drei Junggesellen, die das Abenteuer suchten. Urlaube wurden von uns nie so geplant, sondern meist sehr spontan entschieden.

1969 – Urlaub in der heutigen Tschechischen Republik.

Mein älterer Bruder, mein älterer Cousin und ich starteten mit nur dem Notwendigsten in ein für uns völlig unbekanntes Land, das zu der Zeit noch tiefer Ostblock war. Dementsprechend mussten Visa beantragt werden, verbunden mit einem Zwangsumtausch von ca. 10 DM täglich. Zu der Zeit konnte man eigentlich mit 10 DM in diesem Land gut leben, vorausgesetzt, es würde der Kurs gelten, den man im Land unter der Hand tauschen konnte. Der lag ungefähr bei 1:100; man bekam also für 1 DM etwa 100 tschechische Kronen. Der staatliche Umtauschkurs lag allerdings bei nur 1:40. Ziemlich mager. Aber was soll's, das Abenteuer war ja geplant, und so auch Umtauschen der Kronen auf den Straßen in Prag. Manchmal war das ziemlich waghalsig, doch irgendwie hat es immer geklappt. Tanken war ein besonderes Abenteuer. Mit dem „Straßenkurs" kostete mich der Liter Benzin umgerechnet nur 10 Pfennig. Finanziell gesehen lebten wir in einem Paradies. Wir dachten einfach über die unterschiedlichen Arten des Devisenwechsels nicht nach.

Doch unser Urlaub sollte ja nicht nur aus Essen und Trinken bestehen, und so ging es ab in das Innere des Landes. Natürlich weiß ich heute nicht mehr, wo wir überall waren. Wir lebten einfach in den Tag hinein. Nur sonntags hatten wir vor, christliche Gemeinden zu besuchen, die es dort auch gab. Das war zwar nicht ganz ungefährlich, denn mein VW Käfer, wenn auch schon alt, fiel in den zum Teil sehr einsamen Orten Tschechiens immer auf. Da, wo wir auftauchten, wurde er bestaunt. Irgendwie war ich manchmal ein wenig stolz, weil mein Auto so bewundert wurde.

An einem Sonntag waren wir dann bei Freunden aus einer evangelischen Gemeinde nicht weit von Prag zum Kaffee eingeladen, natürlich zur Kaffeezeit um 16.00 Uhr. Doch Zeit war für uns schon zu einem fremden Begriff geworden, und so standen wir bei unseren Gastgebern nicht pünktlich um 16.00 Uhr vor ihrer Tür, sondern zwei Stunden zu früh um 14.00 Uhr. Was machen? Sicher würden die lieben Leute ihren Mittagsschlaf halten, zumal sie schon etwas älter waren. Aber zwei Stunden so tatenlos vor der Tür stehen, dazu hatten wir auch keine Lust. Also wurde gemeinsam beschlossen, bei unseren Bekannten zu klingeln, in der Hoffnung, bei diesem Überfall nicht in Ungnade zu fallen. Nur: Wer würde den Schritt wagen und dann in Kauf nehmen müssen, wenn es vielleicht Unannehmlichkeiten gab? Klar, ich war der Jüngste und damit der „Hansel", der den Kopf hinhalten musste.

Ich klingelte. Zum Glück rappelte es an der Tür und wir wurden kurz und herzlich begrüßt. Doch ehe ich mich für den verfrühten Überfall entschuldigen konnte, wurde mir von der Frau unserer Freunde erklärt, dass ihr Mann auf einer Bibelkonferenz in einer Stadt sei, die immerhin noch mehr als 200 Kilometer entfernt war, und wir dort auch noch am selben Tag erwartet würden. So bekam ich einen Zettel mit der Adresse in die Hand gedrückt, wo wir uns dort zu melden hatten. Was für ein Glück, dass wir zwei Stunden zu früh waren!

Da ich die meiste Zeit hinterm Steuer saß, gab ich meinem Bruder den Zettel, mit der Bitte, ihn gut aufzubewahren. Für ihn war das natürlich eine Selbstverständlichkeit, und so verschwand die Beschreibung unseres Ziels in der Dunkelheit, nämlich in einer seiner Taschen, die mein Bruder für sicher hielt.

Rund 200 Kilometer auf den Buckelpisten des Landes zu fahren, war alles andere als ein Vergnügen, und entsprechend langsam kamen wir voran. Ohne Pause und so schnell wie möglich ging es in die für uns völlig unbekannte Stadt, in der man uns erwartete. Mit der Zeit wurde es dunkel und die Fahrt ging durch Orte, die absolut menschenleer waren. Gut, dass wir eine feste Adresse ansteuerten. Um diese zu finden, würde schon irgendjemand dort anzutreffen sein, der uns dann den Weg zeigen konnte.

Bei totaler Dunkelheit trafen wir dann in Spindlermühlen ein. Also lieber Bruder, nun hol mal den Zettel raus, den du ja so gut versteckt hast. Ein Suchen begann und es wurde immer stiller in unserem Auto. Interessant war ja, wie viel Taschen sich in seiner Kleidung befanden. Nun, eine Tasche müsste es ja geben, wo der inzwischen so wertvolle Zettel zu finden sein müsste. So langsam wurde uns allen etwas mulmig zumute. Ein Hotel, kein Gedanke daran, einen Campingplatz zu finden, das war eine leere Illusion. Schlafen im Auto, unmöglich, das hätte die

Polizei nur auf dumme Gedanken gebracht. Meinen Bruder jetzt zuzammenzupfeifen wäre auch nicht die Lösung gewesen. Aber den Ärger von meinem Cousin und mir bekam er schon zu spüren.

Mutterseelenallein so ganz tief in einem Landesteil, wo es Besuch aus dem Westen seinerzeit so gut wie nie gab. So ratlos zu sein, nein, das kannten wir nicht. An solch eine Art von Abenteuer hatten wir eigentlich nicht gedacht. Unser ganzes Geld war in diesem Moment wertlos, denn ein Restaurant gab es dort auch nicht.

Dann tauchten auf einmal drei Männer auf. Also gab es doch in der Stadt noch Menschen, die lebten! Aber wie nett diese Männer auch gewesen sein mögen, sie nützten uns wenig, denn nach einem Ort zu fragen, wo eine Bibelkonferenz stattfand, wäre ein unkalkulierbares Risiko gewesen. Und mehr wussten wir auch nicht. Klar, den Namen unserer Freunde, die aber 200 Kilometer von uns entfernt wohnten. Und die Chance, dass die jemand hier am Ende der Welt kannte, war gleich null. Es wurde sehr still in unserem Auto. Keiner von uns kam auch nur auf die Idee, mal zu beten. Sicher, wir glaubten an Gott und hätten wissen müssen, dass nur er allein uns hätte helfen können. Doch er wusste, was wir brauchen, und das konnte nur durch ein Wunder geschehen.

Die drei Männer kamen uns suspekt vor. Sie blieben alle drei neben unserem Auto stehen. Das war nichts Ungewöhnliches, denn es war eben ein Auto aus dem Westen. Doch eines wunderte uns doch. Statt auf das Auto zu gaffen, standen sie mit gesenkten Köpfen und gefalteten Händen im Kreis. Was sollte das denn? Die Männer standen da wie Säulen. Keiner hob den Kopf, oder klopfte mal ans Fenster. Nichts geschah. Misstrauen lag in der Luft. Meinem Bruder, der ja den Zettel auf dem Gewissen hatte, kam eine Idee, die völlig absurd schien. Er sagte, ob nicht einer von uns mal die Männer fragen könnte, ob sie den Namen Samuel Wolsky kannten. Das war der Freund, der auf uns wartete. Na ja, war ja eine Idee und eine Möglichkeit, die vielleicht 1:100 000 stand. Logisch, es wurde dann von mir und meinem Cousin beschlossen, dass mein Bruder die Männer zu fragen hatte, ob der Name unseres Freundes ihnen bekannt vorkam. Ein Hin und ein Her; keiner der Abenteurer hatte den Mut zu dieser Aktion. Klar – es hätte ja auch schief gehen können. Und was blieb mir anderes übrig? Der kleine „Hansel" wurde wieder mal für diese etwas brenzlige Situation „einstimmig" ausgewählt, obwohl mein älterer Bruder für diese Panne verantwortlich war.

Ich stieg zögernd aus meinem Auto, ging extrem langsam und vorsichtig mit klopfenden Herzen auf die Männer zu. Was würde in den nächsten Momenten wohl geschehen? Vielleicht ein Verhör auf einer Polizeiwache? Eine Kontrolle, was wir alles so an Gepäck bei uns hatten? Es war einfach alles möglich. Doch was soll's, es musste ja etwas geschehen. Als ich mich dann der Gruppe näherte, hoben alle drei ihre Köpfe und warteten natürlich genauso gespannt, was auf sie zukam. Ich stotterte fast unverständlich und fragte – in der Hoffnung, dass sie Deutsch verstanden –, ob sie wohl einen Samuel Wolsky kannten.

Was dann geschah, werde, kann und will ich nie wieder vergessen. Ehe ich mich's versah, wurde ich von diesen Männern in die Arme geschlossen und herzlich gedrückt. „Lieber Bruder, wir haben gebetet, dass einer von euch aus dem Auto steigen möge, denn wir wussten ja nicht so richtig, wer ihr seid. Wir haben euch schon längere Zeit erwartet." Nun war klar, es waren Brüder, die ebenfalls die Bibelkonferenz besuchten. Ich hatte Tränen der Freude in den Augen. Im selben Moment war mir klar: Gott hatte alles in seiner Hand und auch einen perfekten Zeitplan. Ob er auch Mitleid mit meinem „großen" Bruder hatte, der sich einfach nicht traute, die Männer zu fragen?

Kurz darauf stiegen natürlich auch die anderen zwei „mutigen" Abenteurer aus dem Auto, denn nun wussten sie ja: Es kann nicht mehr viel passieren. So wurden wir zu dem Haus gebracht, wo man uns ganz herzlich begrüßte und willkommen hieß. Auch dort wurde für uns gebetet. Menschen, die wir hier zum ersten Mal im Leben sahen, begegneten uns wie die besten Freunde, die sich Jahre nicht gesehen hatten. Die Tage auf der Bibelkonferenz waren unbeschreiblich schön. Die Gemeinschaft mit den anderen Christen, die uns in kürzester Zeit sehr ans Herz wuchsen, war überwältigend. Obwohl dieses Erlebnis nun schon über 40 Jahre zurückliegt, bleibt es in mir lebendig. Ich habe erfahren dürfen: Wenn wir auch Gott nicht um Hilfe anrufen, hilft er dennoch und lässt uns nie im Stich.

Und es wird geschehen: Ehe sie rufen, werde ich antworten; während sie noch reden, werde ich hören. (Jesaja 65,24, ELB)

Das durfte ich dort tief in einem Land erfahren, wo es nicht selbstverständlich war, dass Gäste aus dem Westen öffentliche Versammlungen besuchten.

„Ja, wenn wir wissen, dass Gott Wunder tut, warum erwarten wir dann keine?" (Elke Werner)

Ulrich Breest

Ein Fall für den himmlischen Vater

Der Herr ist meine Stärke und mein Schild, auf ihn hofft mein Herz und mir ist geholfen. (Psalm 28,7)

Oft habe ich von anderen gehört: „Da hat Gott mir gesagt... da habe ich Gottes Stimme gehört... Gott hat mich da und da hingeführt..." Dann dachte ich immer: *Was mache ich nur falsch? Warum habe ich solche Erlebnisse nicht?* Und ich war auch oft sehr traurig darüber, denn ich wünschte mir doch so oft, dass Gott mich ganz fest an seine Hand nimmt und mir mit deutlicher, menschlicher Stimme genau sagt, was ich zu tun und zu lassen habe. Wie oft wusste ich genau das gar nicht, weder in meinem privaten noch in meinem beruflichen Leben, und wie oft war ich da unsicher und ängstlich.

Ich habe immer sehr gern und viel gearbeitet, bis an meine Grenzen. Nur gemerkt habe ich das meistens nicht oder erst dann, wenn ich schon völlig ausgelaugt war.

Lange Zeit schon plagten mich starke Arthrose- und Rückenschmerzen, aber statt mich auch mal von einem Arzt behandeln zu lassen, habe ich nur die Schuhe ausgetauscht, damit ich im Dienst besser zuwege bin.

Und es kam, wie es kommen musste: Eines Tages ließen mir die Schmerzen keine andere Wahl und ich musste zum Arzt gehen. Da ich in meinem Job immer gut zu Fuß sein musste, hatte ich keine andere Möglichkeit als mich krankschreiben zu lassen. Aber auch da wusste ich noch nicht, wie schlimm es mich erwischt hatte. Ich dachte, in kurzer Zeit ist das ausgeheilt und dann kann es weitergehen. Die Ärzte in der Klinik rieten zur sofortigen Operation, was in mir völlige Panik auslöste. Ich bin da nicht gerade die Mutigste (um nicht zu sagen, ein richtiger Angsthase). Immer wieder habe ich gebetet, Gott möge mir Kraft, Ruhe und Vertrauen schenken und mir die Angst nehmen. Es half nichts. Ich war immer nur kurzzeitig ruhig. Ansonsten hatte mich die Angst voll im Griff.

Dann kam der Tag der Vorbereitung auf die Operation. Vom Anästhesisten wurde ich sehr gut und gründlich aufgeklärt. Als ich dann unmittelbar auf den Eingriff vorbereitet wurde, wurde ich direkt fröhlich und war die Ruhe selbst. Alles verlief sehr gut. Ich war völlig erleichtert. Jetzt konnte es nur noch besser werden. *Danke, Vater, du hast mich getragen.*

Zunächst ging alles seinen normalen Gang. Ich hatte zwar starke Schmerzen, aber das ist nach so einer Operation nicht ungewöhnlich. Ich machte täglich meine Gehübungen mit Krücken und Rollator und war zuversichtlich, dass sich alles normalisiert. Leider entwickelte sich das nicht so. Im Gegenteil, ich war in meinen Bewegungen so stark eingeschränkt, dass ich nur etwa 30 Minuten belastbar war. Ohne Schmerzmittel ging gar nichts. Die Ärzte konnten sich das auch nicht erklären. Langsam sank mein Mut. *Ich stehe doch im Berufsleben, bin in der Pflege tätig und somit ständig auf den Beinen. Wie soll es weitergehen?* Meine Arbeit fehlte mir. Zu Hause war ich ständigen Grübeleien ausgesetzt, und obwohl ich mehrmals täglich betete, war ich so voller Sorge, dass ich nur noch dringend Notwendiges erledigen konnte.

Gleich zu Beginn meiner Krankheit wandte ich mich an meinen Betrieb und bat darum, mir eine Tätigkeit zu geben, bei der ich meine Füße nicht so brauche, aber man konnte oder wollte mir wohl nicht helfen. Mittlerweile stand fest, dass ich erneut operiert werden musste. Was wird nur, wenn das Krankengeld ausläuft? Wie soll es dann finanziell weitergehen?

Meine Oasen waren in dieser Zeit besonders die Sonntage in der Gemeinde. Hier konnte ich zur Ruhe kommen und richtig auftanken. Wie gut mir die liebevolle, familiäre Atmosphäre und die aufbauenden, Kraft spendenden Predigten taten, die Lieder, die wir gemeinsam sangen, die Begegnungen... Da spürte ich: Gott ist da.

Mittlerweile wusste ich genau, dass ich auch nach erneuter Operation nicht in meinen Beruf zurückkehren können würde. Ein Antrag auf Schwerbehinderung brachte nicht die erforderlichen „Prozente". Ob man seine Füße für den Job braucht oder nicht, spielt dabei keine Rolle. Gnadenlos wird sich dabei nach Tabelle gerichtet. Das finanzielle Problem blieb nicht nur, es wuchs.

Mit 16 Jahren hatte ich die Schule beendet und eine Lehre aufgenommen. Seitdem war ich immer berufstätig und nie so lange krank, dass ich Krankengeld bezogen hätte. Solch eine Situation kannte ich bis hierher gar nicht. Sollte ich jetzt ab 15. August, wenn die Zahlung des Krankengeldes eingestellt wird, ein Fall fürs Amt werden? Konnte ich künftig meine Wohnung, mein Zuhause, noch bezahlen? Immer wieder betete ich: „Vater, bitte lass das nicht geschehen, bitte hilf mir. Ich weiß, du stellst mich auf festen Grund. Trotzdem fühle ich mich, als stünde ich auf schlüpfrigem Boden. Ich will ja glauben, dass du mir nicht mehr zumutest, als ich tragen kann ...“

An meinem 63. Geburtstag – ich befand mich gerade in der Rehabilitationsklinik – erhielt ich von einer Freundin eine SMS: „Herzlichen Glückwunsch. Ich glaube, du hast es geschafft. Mach unbedingt den Fernseher an.“

Ja, und genau an dem Tag hatte der Bundestag beschlossen: Rente ab dem 63. Lebensjahr für Langzeitversicherte, die 45 Arbeitsjahre nachweisen können. So ein Felsbrocken ist mir in meinem ganzen Leben noch nicht vom Herzen gefallen. Das muss richtig gekracht haben!

Nach Antragstellung erfuhr ich dann am 1. August, dass ich ab 1. August Rentnerin bin! So blieb mir auch der Termin am 15. August erspart, bei dem ich ein Fall fürs Amt werden sollte. Die ganzen 18 Monate war ich ein Fall für meinen himmlischen Vater gewesen!

Wie aufregend und stressig waren diese zurückliegenden 18 Monate! Nein, ich kann nicht berichten, „da hat Gott mir dies und das gesagt“ – oder hatte ich einfach nur keine Ohren? Eines weiß ich aber, nämlich, dass Gott meine Gebete erhört hat und mich leise und sanft getragen und geführt hat. In diesen 18 Monaten habe ich gelernt wie nie in meinem Leben, was Glaube, Liebe, Hoffnung heißt. Ich bin einfach nur dankbar.

Vater, ich darf mit allen Dingen zu dir kommen. Von dir kommt die Hilfe.

Als ich den Herrn suchte, antwortete er mir und errettete mich aus all meiner Furcht. (Psalm 34,5)

Sabine Lersow

Teil 2:
Lebenseinschnitte – Lebenswenden

Gott hat einen guten Plan für unser Leben. Ganz individuell, ganz persönlich. Aber Gott ist, wie jemand einmal sehr treffend sagte, ein „Gentleman": Er tritt unsere Lebenstüren nicht mit Gewalt ein, sondern er klopft an und wartet, ob wir ihm öffnen.

Doch nicht alle Wege mit Gott sind gerade, eben und ohne Schwierigkeiten. Glück und Schmerz, Freude und Leiden liegen oft dicht beieinander. Gottes Versprechen besteht aber nicht in einem problemlosen Leben, sondern in seinem Namen: „Ich bin, der ich bin" – „Ich werde sein, der ich sein werde" – „Ich bin da".

Sag niemals „Nie!"

Irgendwann im Leben erwacht in jedem Menschen der Wunsch, selbst etwas zu sein oder selbst etwas zu werden. Dann malt man sich aus, wie es wäre, wenn man zum Beispiel Förster oder Lokomotivführer wird, und was für Geheimnisse dann der Wald für einen birgt oder welche Abenteuer der großen weiten Welt sich einem auf dem „Stahlross" eröffnen würden. Doch mit dem Älterwerden nehmen die Wunschbilder realistischere Züge an.

Als Heranwachsender meinte ich zu wissen, was ich nicht werden wollte. Vier Berufe fanden bei mir keine Gegenliebe: Arzt, Gastwirt, Rechtsanwalt und Pfarrer. Das alles wollte ich nie werden! Meine Begründungen, diese Berufe nie in die Berufswahl einzubeziehen, fand ich überzeugend: Ein Arzt muss, wenn es sein muss, Menschen auch Schmerzen zufügen können, was ich nicht wollte; und er muss sich während seines Berufslebens fast ausschließlich mit kranken Menschen umgeben. Der Gastwirtsberuf sollte deshalb nicht in Betracht kommen, weil es in einem Lokal ständig nach abgestandenem Rauch und nach Alkohol riecht und weil ein Wirt Menschen nicht vom Trinken abhält, sondern sie noch dazu animiert. Rechtsanwälte, so entschied ich, sehen weniger aufs Recht und dafür umso mehr darauf, Anwalt ihrer Klienten zu sein, auch wenn diese sich offensichtlich im Unrecht befinden. Und Pfarrer? Die müssen, sagte ich mir, Sonntag für Sonntag über Gott reden, zu dem sie möglicherweise keine persönliche Beziehung aufgebaut haben und für den sie dennoch sonntäglich die Werbetrommel rühren, obwohl sie ihm vielleicht misstrauen oder es leid sind, vor anderen den Mustermenschen und Biedermann herauskehren zu müssen.

In diese Zeit des Wünschens und Verwerfens fiel meine Flucht aus der „Zone", wie man damals die DDR kurzerhand nannte. Mit gerade neunzehn Jahren stand ich allein in einer mir fremden Stadt – Westberlin – ohne Mittel, ohne Zuzugsgenehmigung, ohne Freunde, ohne Geld ... Ich entschied mich für das Studium der Ingenieurwissenschaften. Die Kranken, den Tabakqualm, die Klienten und die Gottesdienstbesucher hatte ich vermieden; jetzt waren es Zahlen, Formeln und Rechenschieber-Akrobatik, die meine Welt prägten. Auch mein Umfeld erschien mir irgendwie beziehungslos, da selbst meine Kommilitonen nüchtern und recht einseitig interessiert waren. Ich spürte, dass dieser künftige Beruf nicht die Erfüllung meines Lebens sein könne.

Als es dann eines schönen Tages an der Wohnungstür meiner Vermieterin läutete und Zeugen Jehovas mir „die frohe Botschaft vom Königreich" bringen wollten, brachten sie diese tatsächlich, denn diese Menschen waren für mich so etwas wie Botschafter Gottes, die auf das hinwiesen, was über unsere drei greifbaren Dimensionen hinausweist und worauf uns außerhalb eines Gottesdienstes sonst kaum jemand hinweist. Vielleicht waren sie es, die mich – unbewusst – zu etwas veranlassten, das ich selbst nicht begriff: Von dem wenigen Geld, über das ich damals als Student verfügte und das ich meinte erübrigen zu können, kaufte ich mir in Ostberlin theologische Literatur!

Eigentlich waren das unmögliche Bücher: Bultmann–Kommentare voller griechischer Begriffe, die ich nicht verstand. Offensichtlich regte sich in mir eine Sehnsucht nach Transzendenz, mit der ich nicht gerechnet hatte. Heute weiß ich, dass es Gottes Hand war, die mich nie losließ, obwohl ich nicht nach ihr verlangt hatte.

Als mich dann eine schwere Wirbelsäulenverletzung für Monate im damaligen Oskar-Helene-Heim ans Bett fesselte, war plötzlich ungewollt viel Zeit vorhanden, um über einen eventuellen Berufswechsel nachzudenken. Im Krankenhaus gehunfähig und im Rollstuhl öfter mal an die Luft gefahren, versprach ich Gott: „Wenn du mich hier rausholst und ich wieder laufen kann, dann will ich Theologie studieren und Pfarrer werden!"

Aber so schnell lassen sich unser Verstand und unsere materialistische Gesinnung nicht überlisten. Als ich aus dem Krankenhaus entlassen war und wieder laufen konnte, erklärte ich meine Genesung als Ergebnis der Selbstheilungskräfte im Menschen und folgerichtig wurde aus einem Theologiestudium nichts.

Nur wenige Wochen später hatte ich dann einen schweren Fahrradunfall, bei dem ich mir zwei Brustwirbel brach, den Schädel verletzte, das Gehirn quetschte und einen Halswirbel anbrach. Man brachte mich in das Totenzimmer eines Krankenhauses. Nach Wochen, einigermaßen bei Verstand, versprach ich nochmals: „Komme ich hier als mehr oder weniger geheilt heraus, studiere ich wirklich Theologie! Versprochen!" Aus meinem einst gedachten „Nie" wurde ein „Ja", aus dem „verlorenen Sohn" ein „Heimkehrer".

Einige Jahrzehnte habe ich meinen Beruf als Pfarrer einer Berliner Gemeinde ausgeübt. „Nie" habe ich diesen Berufswechsel bereut. Wie vielen Menschen ich helfen konnte, die Hoffnung auf das Beste, das noch kommt, und den Sinn für ein erfülltes Leben zu entdecken, weiß ich nicht. Jedenfalls liebe ich nach wie vor meine Berufung und meinen Beruf und ich würde, stünde ich nochmals vor der Entscheidung, mich viel früher für den Pfarrberuf entscheiden – jetzt ohne Umschweife.

Vielleicht geht es Ihnen ja gerade genauso. Vielleicht will ein „Nie!" in Ihrem Leben zu einem „Ja!" werden. Vielleicht will Gottes Segen gerade durch ein verwandeltes „Nie und nimmer!" in ein „Ja!" in Ihr Leben fließen. Lassen Sie es doch einmal wie ich darauf ankommen. Einen Versuch ist es allemal wert!

D. R.

Glaube, der persönlich wird

Ich bin im sozialistischen Polen Mitte der 1970er-Jahre aufgewachsen und katholisch erzogen worden. Polen ist ein Land, in dem die katholische Kirche damals wie heute eine große Rolle spielt. In meiner Kindheit lebte mir die katholische Kirche vor, was man zu tun und zu lassen hat. Doch das waren bloß Regeln. Sonntags ging ich in die Kirche, lernte Gebete auswendig, legte pflichtbewusst die Beichte ab. Ich wusste nicht, was ich dem Priester dort erzählen sollte, außer: „Ich bin am Sonntag einmal nicht zur Kirche gegangen."

Ich kannte die Theorie, plapperte alles nach, aber Gott schaute mich an und wunderte sich wohl: *Wo bist du, Agnieszka, mit deinem Herzen?*

Als ich lebenshungrig nach Breslau ging, um Jura zu studieren, war zum ersten Mal keine Mutter da um aufzupassen, ob ich sonntags in die Kirche ging. – Ich ging nicht. Nach dem juristischen Examen zog ich nach Deutschland, tauchte ein in die Großstadt Berlin. Ich arbeitete inzwischen in erfolgreicher Position bei einem Modeunternehmen mit „hippen" Leuten. Alles war sehr „stylish" und cool. Irgendwann merkte ich, dass mein Leben oberflächlich geworden war und mir etwas Wesentliches fehlte. Ich hatte mich verloren in einer trivialen Welt, ohne innere Werte. Mein Herz sehnte sich nach Richtung und Bedeutung.

Eines Tages erzählte mir eine Kollegin von einem Bibelkurs. Ich wusste gleich, dass ich dabeisein wollte, und ging mit. Wir trafen uns wöchentlich, um in der Bibel zu lesen und unsere Gedanken über Gott auszutauschen. Und so hörte ich sie wieder, die leise Stimme Gottes, der mich zu sich rief. Ich suchte aktiv nach einer eignen Gemeinde in Berlin und fand sie in den Gottesdiensten beim *Berlinprojekt*, einer wunderbaren Gemeinschaft mit 400 jungen Leuten. Ich war erstaunt, dass man den Zugang zu Jesus Christus auch auf anderer Ebene erleben kann, und erfuhr am eigenen Leib, dass die Religiosität, die man mich als Kind gelehrt hatte, nur ein Halbwissen war, weil sie in der Theorie steckenblieb. Doch nun hatte der Glaube für mich an Bedeutung gewonnen, denn zum ersten Mal hatte ich Gott mit dem Herzen erfahren.

Gott hatte mich zu sich gerufen und ich spürte, dass er mehr für mich vorhat. So suchte ich nach einer neuen Richtung für mein Leben, reiste in arme Länder wie Argentinien und Brasilien. Als ich in Argentinien in einer Kirche kniete und weinte angesichts der Armut, die mich förmlich erschlug, wusste ich, was ich tun sollte. Ich sollte und wollte helfen.

Mit einem neuen Ziel kehrte ich nach Berlin zurück: Ich wollte für ein Hilfswerk arbeiten. Ich entschied mich deshalb für eine Weiterbildung im gemeinnützigen Bereich und qualifizierte mich im Fundraising. Schon kurz nach dem erfolgreichen Abschluss der Weiterbildung bot man mir eine wunderbare Stelle bei dem christlichen Verein *Geschenke der Hoffnung e. V.* an, der sehr erfolgreich die Aktion *Weihnachten im Schuhkarton* ins Leben gerufen hat. Diese Arbeit hat mich sehr glücklich gemacht.

Meine Aufgabe bei *Geschenke der Hoffnung* ist es, für die wichtige Arbeit des Vereins langfristige und dauerhafte Unterstützer zu finden, um die Hilfe, die der Verein Menschen in Not spendet, zukunftsträchtig und nachhaltig zu garantieren. Dass ich mit meiner Arbeit vielen Menschen Hoffnung schenke, erfüllt mich jeden Tag mit dem wunderbaren Gefühl, etwas Sinnvolles zu tun. Es schenkt mir eine unglaubliche Freude, wenn ich jeden Tag erfahren darf, wie viele Menschen gemeinsam mit *Geschenke der Hoffnung* etwas bewegen, verändern und helfen möchten. Bei *Geschenke der Hoffnung* habe ich eine wunderbare christliche Gemeinschaft kennengelernt und erkannt, dass Gott für uns alle einen Weg hat und uns auf unserem Weg alles gibt, was wir brauchen. Dafür müssen wir nichts weiter tun, als ihm zu vertrauen und mit ihm im Gespräch zu bleiben. Denn durch *uns* möchte er wirken.

Agnieszka Kurek

Gottes dringende Einladung

Ich wurde quasi schon mit dem Kinderwagen in die Gemeinde „hineingeschoben". Mit meiner fast zwei Jahre älteren Schwester wuchs ich in einem christlichen Elternhaus auf. Wir gingen in den Gottesdienst und besuchten den Kindergottesdienst, später die Jungschar und den Jugendkreis.

Von Jugend an hörte ich, dass Gott aus lauter Liebe zu uns Menschen seinen Sohn geschickt hat. Ich hatte aber immer das Gefühl, dass Gott mich ausgeklammert hatte, weil Menschen es mich merken ließen, dass ich anders war als meine Schwester.

Sie war ruhig, schüchtern und zurückhaltend. Das gefiel. Ich war das ganze Gegenteil. Den Mitarbeitern in der Gemeinde war ich zu fröhlich, zu lebhaft, meine Scherze kamen nicht an. Meine Schwester dagegen war in ihren Augen perfekt. Sie durfte während des Gottesdienstes auf die kleinen Kinder des Pastorenehepaars aufpassen, und nach Beendigung des biblischen Unterrichts wurde *sie* gefragt, ob sie im Kindergottesdienst mitarbeiten möchte.

Als sie sich bei einer Jungscharfreizeit bekehrte, war sie für *mich* etwas Besonderes, obwohl ich gar nicht verstand, was Bekehrung eigentlich bedeutete. Ich kam mir oft vor, als hätte mich Gott vergessen. Eines Tages fragte ich meine Mama: „Warum bin ich so anders?" Sie antwortete: „Kind, Gott hat jeden Menschen nach seinem Bild geschaffen, und schon als du in meinem Bauch warst, wusste er, wie du sein wirst. Gott hat eine bunte

Mischung von Menschen geschaffen; das ist schön." Doch die Antwort beruhigte mich nicht. Ich hatte noch so viele „Warum?" und „Aber..."

Meine Schwierigkeiten hatte ich besonders mit dem Vers aus Lukas 10,27: „Liebe den Herrn, deinen Gott, von ganzem Herzen, mit ganzem Willen und mit aller deiner Kraft und deinem ganzen Verstand! Und: Liebe deinen Mitmenschen wie dich selbst!" (GNB). Der erste Teil war mir klar, meiner Meinung nach tat ich das auch, aber – mich selbst lieben (wo ich doch so gar nicht ins Schema passte)? Wie soll ich da meinen Nächsten lieben? Ich machte um einige Menschen lieber einen großen Bogen.

Während einer Evangelisation wurde auf ein Heft hingewiesen, in dem es darum ging, Schritte im Glauben zu tun. Das wollte ich mir holen (ich war 13 Jahre alt). Der Pastor fragte mich daraufhin, ob ich denn mein Leben dem Herrn Jesus „übergeben" hätte. Ups! Ich stotterte herum: „Na, ich gehe doch immer in die Gemeinde." Er setzte sich zu mir und erklärte mir, was es heißt, „mitzulaufen" oder mit einem klaren „Ja" zu Jesus zu stehen.

Da begriff ich, dass Gott mir kleinem Menschen – mir, die ich mich so oft verloren und unbedeutend fühlte – sagte: „Ich habe dich lieb, du bist *mir* wertvoll." Ich vertraute mich mit allem, was mich bewegte, Jesus Christus an.

Mein Äußeres und mein Wesen veränderte Jesus nicht grundsätzlich. Aber nach dem Gespräch konnte ich mich so annehmen, wie ich eben war, und durfte lernen, dass er das erste und letzte Wort in meinem Leben hat.

Später erfuhr ich im Beruf durch viele Menschen Anerkennung. Von meinem jetzigen Ehemann hörte ich Komplimente. Das musste ich aber auch erst lernen anzunehmen. Gott zeigte mir, dass er mir etliche Begabungen geschenkt hat, und dafür bin ich ihm dankbar.

Das Wunderbare ist bei Gott, dass er nicht unser „Äußeres" ansieht. Ihm kommt es nicht darauf an, was andere von mir denken. Er kritisiert nicht, ob wir tätowiert oder gepierct sind, rote oder grüne Haare tragen – er sieht nur unser Herz an und wie *wir* mit seiner Liebe umgehen.

Dieses „Du sollst lieben" des Bibelverses hört sich eigentlich nach einem Befehl an. Ich denke aber, dass es kein Befehl ist, weil man Liebe nicht befehlen kann. Es ist vielmehr eine dringende Einladung, Gottes großes Geschenk – seine Liebe – nicht zu übersehen und jeden Menschen zu achten.

Astrid Imhoff

Taufe

12. Juni 2005

Heute, am Tag meiner Taufe, stehe ich hier, weil ich der sichtbaren und unsichtbaren Welt Zeugnis geben will, dass ich im Juni 2002 Jesus Christus als meinen Herrn und Erlöser angenommen habe.

Wie kam es dazu?

Ich hatte eine glückliche, unbeschwerte Kindheit und Jugend, und wenn man meine Eltern gefragt hätte, welcher Religion sie angehören, hätten sie gesagt, sie sind evangelisch. Da wir aber weder in der Bibel lasen (ich glaube, wir besaßen nicht mal eine) und auch nicht in den Gottesdienst gingen, wurde ich nicht in dem Sinn christlich geprägt, wie ich es heute verstehe. Ich habe den Religions- und Konfirmationsunterricht besucht, wurde dann eingesegnet und habe damals trotz allem die Bedeutung von Jesus Christus nicht erkannt. Entweder hatten Religionslehrer und Pfarrer das nicht richtig vermittelt oder ich war einfach noch nicht offen dafür.

Dann folgte eigentlich ein ganz „normaler" Lebenslauf: Berufsausbildung, Heirat mit kirchlicher Trauung, Geburt eines Sohnes und zweier Töchter (alle getauft), Eheprobleme, Scheidung, neue Lebenspartnerin ... so, wie man das eben kennt.

Während dieser vielen Jahre hätte ich mich als evangelischer Christ bezeichnet (wie es auch meine Eltern taten). Der Name Jesus Christus hatte für mich aber überhaupt keine Bedeutung.

Einen Gott gab es für mich, denn immer, wenn ich über Probleme wie die Entstehung der Welt, das Ende des Universums oder ähnliche Dinge nachdachte und mit wissenschaftlichen Antworten nicht weiterkam, musste da etwas Großes, Übergeordnetes sein: Gott.

Ich habe nie richtig nach diesem Gott gesucht, hatte aber doch immer wieder (im Abstand mehrerer Jahre) interessante Erlebnisse wie Gottesdienste oder Gespräche mit Menschen verschiedener Glaubensrichtungen, die mich allerdings nicht zu Jesus Christus führten. Mit „Glaubensrichtungen" meine ich Menschen der evangelischen Kirche, der Neuapostolischen Kirche, der Zeugen Jehovas oder der Baptisten, nicht die asiatischen oder anderen Religionen.

Dann geschah Ende der 1990er-Jahre etwas eigentlich Unbedeutendes, aber für mich doch Entscheidendes: Ich lernte in einem Büro für Landschaftsarchitektur, in dem ich die Computeranlage eingerichtet hatte und die regelmäßigen Wartungen durchführte, eine Christin kennen. Sie hatte auf ihrem Arbeitsplatz kleine Bildkärtchen mit biblischen Sprüchen stehen, die sie bei der Arbeit aufmuntern sollten. Da es bei diesen Landschaftsarchitekten sehr „familiär" zuging, saß man schon mal beim Essen oder Kaffee zusammen und unterhielt sich auch privat. So kam es, dass wir eines Tages auch über Gott und Glauben sprachen, aber nicht im Sinne eines Bekehrungsgespräches, sondern mehr als Gedankenaustausch. Diese Christin war nie aufdringlich oder drängend, und wir sprachen im Abstand mehrerer Wochen immer wieder einmal über den Glauben.

Im Mai 2002, ich war wieder zur Computerwartung in dem Büro, in dem sie arbeitete, fragte sie mich, ob sie mir ein Büchlein mitbringen dürfte, was ich bejahte. Als ich dann Anfang Juni wiederkam, gab sie mir dieses Büchlein ohne Erläuterungen oder Erklärungen – ich sollte es einfach einmal lesen. Das Buch war von Pfarrer Wilhelm Busch und hieß *Jesus, unser Schicksal*.

Ich las also das Buch und wunderte (ärgerte?) mich anfangs etwas über den (meiner Meinung nach) aggressiven Ton von Pfarrer Busch. Trotzdem las ich das Buch bis zum Ende durch und war tief beeindruckt. Jetzt kannte ich Jesus Christus und wusste, dass ich, wenn ich nicht umkehrte, auf ewig verloren wäre.

Ich faltete die Hände und betete das wahrscheinlich erste wirklich von Herzen kommende Gebet meines Lebens. Ich bekannte Jesus Christus meine Sünden und vertraute ihm mein Leben an. Seitdem ist er Mittelpunkt und Anführer meines Lebens.

Nach diesem Gebet passierte erst mal nichts Besonderes – kein Blitz oder Donner oder besondere Gefühle. Als ich dann aber wenige Tage später die Bibel zur Hand nahm, eine „Gute Nachricht", die ich glücklicherweise noch hatte (woher, weiß ich allerdings nicht mehr so genau) und (so wie Pfarrer Wilhelm Busch es in seinem Buch gesagt hatte) anfing, das Neue Testament zu lesen, merkte ich, dass sich doch etwas verändert hatte! Dieses Buch war kein gewöhnliches Buch mehr (wie früher), sondern es sprach plötzlich zu mir und ich war teilweise so bewegt, dass ich vor Tränen die Schrift nicht mehr erkennen konnte. Ich las dann hintereinander das gesamte

Neue Testament – wohlgemerkt: Ich las… und bei der Offenbarung angekommen, musste ich dann einsehen, dass es wohl doch schwieriger ist, die gesamte Tiefe von Gottes Wort zu verstehen.

Irgendwann entdeckte ich auch die Psalmen und war sofort vom Psalm 16 angetan, der in meiner Bibelausgabe die Überschrift trug: „Du zeigst mir den Weg zum Leben". Er wurde sofort mein Lieblingspsalm. Es heißt dort in der „Guten Nachricht" unter anderem: „Du bist mein Herr. Mein Glück finde ich allein bei dir", und am Ende: „Du zeigst mir den Weg zum Leben. Deine Nähe erfüllt mich mit Freude; aus deiner Hand kommt ewiges Glück." Das war es! Ich war begeistert – und glücklich wie ein kleines Kind, das einen ganz tollen Schatz entdeckt hat.

Vielleicht sollte ich noch dazusagen, dass dies alles im „stillen Kämmerlein" geschah. Mir ging es psychisch gut, ich hatte keine Sorgen oder Probleme und es gab auch keine Bekehrungsgespräche oder Kontakte zu erfahrenen Christen. Wenn ich Jesus Christus nicht so kennengelernt hätte, wäre ich mir meines Glaubens heute nicht so sicher, denn ich bin ein Kopfmensch, und wenn mir jemand vor meiner Bekehrung solch eine Geschichte erzählt hätte, ich hätte sie nicht geglaubt.

In der folgenden Zeit las ich dann regelmäßig in der Bibel, konnte mich aber nicht entwickeln, da mir die Gemeinschaft zu anderen Christen noch fehlte.

Das änderte sich jedoch am 12. Mai 2004, als mich die Christin aus dem Architekturbüro anrief (ich hatte sie schon relativ lange nicht mehr gesprochen) und mich fragte, ob ich nicht an einem „Alpha-Kurs" (ein

Glaubensgrundkurs, Anm. d. Hrsg.) in einer Gemeinde in W. teilnehmen möchte. Ich besuchte dann diesen Kurs und ging anschließend regelmäßig in die Gottesdienste dieser Gemeinde.

Nach einiger Zeit musste ich jedoch feststellen, dass in dieser Gemeinde trotz allem Guten einige extreme Haltungen vertreten wurden. Ich war ziemlich enttäuscht, denn ich hatte mich am Anfang wie ein kleines Kind über meinen Glauben und Gottes Wort gefreut und musste nun erkennen, dass es doch die Augen offenzuhalten galt. In meiner Verzweiflung betete ich zu Jesus Christus und bat ihn, mir die Gemeinde zu zeigen, in der ich das finden konnte, was ich suchte: Gottes Wort pur!

Kurze Zeit später kam die Gebetserhörung. Als ich mir in einer christlichen Buchhandlung eine Lutherbibel kaufen wollte, kam ich mit einem Mann ins Gespräch, der mir einige gute Tipps gab. So fand ich schließlich diese Gemeinde, in der ich mich heute taufen lassen möchte. Sie war das, was ich gesucht hatte – *Danke, lieber Herr Jesus!*

Ich habe mich im Juni 2002 für diesen neuen Weg mit Jesus Christus im Mittelpunkt entschieden, ohne zu wissen, was eigentlich auf mich zukommt. Mir fällt es manchmal nicht leicht, den „alten Menschen" abzulegen und das zu leben, was ich in Gottes Wort erkenne. Aber je mehr ich von Gott erfahre und verstehe, je deutlicher wird mir, dass ich diesen Weg weitergehen will, dass ich das Ziel, die Ewigkeit bei ihm und mit ihm, erreichen will.

Danke, lieber Herr Jesus, dass mir durch die Worte vom Pfarrer Wilhelm Busch Augen und Herz aufgingen und ich erkennen konnte, dass du auch für mich, für meine Sünden am Kreuz gestorben bist. Danke, dass du mich in deiner Liebe angenommen hast. Danke, dass ich jetzt mit dir leben darf. Danke, Herr Jesus. Amen.

Dieter Maser

Wie ich zu Gott fand

Ab wann genau ich nicht mehr leben wollte, weiß ich nicht. Ich schätze, ich war ungefähr zwölf Jahre alt. Wahrscheinlich habe ich zu viel gelesen und zu viel beobachtet. Beides führte dazu, dass ich die Menschheit hasste. Die Menschen waren schlecht. Sie taten der Natur weh, sie taten den Tieren weh und sie schreckten nicht einmal davor zurück, sich gegenseitig wehzutun. Und ich war nicht besser! Ich war auch ein Mensch, ich war auch schlecht und mich hasste ich besonders. Eigentlich wollte ich doch anders sein – aber ich konnte es nicht. Und ich wusste nicht warum! Ich wünschte mir, dass die gesamte Menschheit mit einem lauten Knall von dieser Erde verschwindet und Natur und Tiere ungestört weiter existieren können. Natürlich erfüllte sich mein Wunsch nicht. Ob ich bei mir selbst anfangen sollte? Immer häufiger dachte ich an Selbstmord.

Rückblickend kann ich nicht sagen, ob ich zu feige war, ob der Selbsterhaltungstrieb zu stark war oder ob der Grund, den ich mir damals immer vor Augen hielt, echt war. Ich hatte schon immer eine sehr starke Bindung zu meiner Mutter, und auch ihr Lebensgefährte, der für mich wie ein Vater war, war mir unglaublich wichtig. Ich wusste, ich würde ihnen sehr wehtun, wenn ich mein Leben beendete. Dann hätte ich das, was ich an den Menschen so hasste, auf die Spitze getrieben. Der Gedanke war mir zuwider ... aber das Leben war mir auch zuwider. Ich litt still vor mich hin. Wenn ich Andeutungen machte (nicht meinen Eltern gegenüber), wie schlecht es mir ging und wie sehr ich das Leben hasste, wurde ich von meinen Freunden nicht ernst genommen. „Wieso? Du hast doch alles? Verständnisvolle Eltern! Immer gute Noten! Du bist beliebt! Und so selbstsicher! Du kannst doch gar keine Probleme haben!" Als meine Geschwister ausgezogen waren, wurde es noch schlimmer; ich weiß nicht, wie oft ich auf dem Fensterbrett stand!

Mit zwanzig zog ich von zu Hause aus. Da war ich gerade in der Ausbildung zur Herrenmaßschneiderin und hatte das erste Mal das Gefühl, Gleichgesinnte gefunden zu haben. Meine Freundinnen B. und M. trugen beide ausschließlich Schwarz und es stellte sich heraus, dass sie GothicRock mochten.

Wir gingen zusammen aus, erst selten, dann immer häufiger. In der „schwarzen Szene" fühlte ich mich aufgehoben. Ich hatte das Gefühl, hier gehörten alle zusammen und alle lehnten die „normale Gesellschaft" ab. Ich erinnere mich noch gut, wie mich ein Kollege in der Herrenschneiderei fragte, ob ich es nicht etwas unpassend fände, jeden Tag schwarz zu tragen … ich erwiderte: „Täglich sterben tausende Menschen, findest du es nicht etwas unpassend, so bunt rumzulaufen?" Je länger ich mich in der schwarzen Szene herumtrieb, umso bewusster wurde mir, dass auch das nur eine Parallel-Gesellschaft war. Alle gehören zusammen und unterstützen sich? Von wegen! Es wurde genauso gelästert, genauso ausgegrenzt, sich genauso wehgetan! Und wie immer war ich nicht davon ausgenommen. Es ekelte mich regelrecht an. Ich ekelte mich an.

Die Selbstmordgedanken wurden wieder stärker. Als sich ein Junge, in den sich meine Freundin M. schwer verguckt hatte, das Leben nahm, wünschte ich es mir einerseits umso mehr, andererseits wurde mir auch wieder sehr deutlich, welchen Schmerz man damit hervorruft. Trotzdem war ich an einem Punkt angekommen, an dem mir das egal war. Ich versuchte sogar, meiner Mutter ihr Einverständnis zu meinem Selbstmord abzuringen! Sie war schockiert und sagte, so leicht würde sie es mir nicht machen. Aber ich war nach dem Gespräch trotzdem erleichtert, weil ich wusste, dass sie zumindest meine Gründe kannte. Ich hatte ihr schon mit dem Gespräch wahnsinnig wehgetan und hasste mich nun noch mehr. Ein Teufelskreis! Nur damals war mir noch nicht bewusst, dass es das im wahrsten Sinne des Wortes war.

Irgendwann, ich hatte es nicht geplant oder vorbereitet, wollte ich es hinter mich bringen. Weil es so spontan war, kam ich auch von meinem ursprünglichen Plan ab, irgendwo runterzuspringen, um noch einmal zu fliegen. Dazu hätte ich erst irgendwo hinfahren müssen, da ich im ersten Stock eines Altbaus wohnte und es auch aus dem obersten Stockwerk kein weiter Flug gewesen wäre. Also ließ ich mir warmes Wasser in die Wanne ein und schnappte mir das schärfste Messer, das ich finden konnte ... keine Musik oder Kerzen oder sonst irgendeinen Kitsch ... ich wollte es einfach nur beenden ... schnell und unspektakulär. Und dann rief meine Mutter an. Sie sagte nicht „Hallo" oder „Na du" oder was sie sonst zur Begrüßung sagte, sondern nur: „Alles okay bei dir?" Das haute mich um! Ich beschloss, mich niemals umzubringen;

ich konnte das meiner Mutter einfach nicht antun. Für sie würde ich leben ...

Es wurde dadurch allerdings nicht einfacher. Ich hatte mir selbst die einzige Option genommen, die für mich so etwas wie eine Hoffnung darstellte, dieses Leben nicht immer so ertragen zu müssen. Und trotzdem stand mein Entschluss fest: Ich würde es ertragen, irgendwie, wie lange es auch dauerte.

An dieser Stelle möchte ich einmal einschieben, dass dies alles nur meine Grundhaltung beschreibt, meinen tiefsten Seelenzustand. Nach außen wirkte das längst nicht immer so. Ich hatte auch richtig viel Spaß, konnte Dinge genießen und mich über vieles ausgiebig freuen. Ohne meine Grundhaltung hätte ich vielleicht glücklich sein können. Ich hatte eine Wohnung, die ich liebte, einen Job, der mir Spaß machte und in dem ich ausgesprochen gut war und viel Lob bekam, eine superliebe Freundin, immer einen festen Freund und mehrere, die es gerne gewesen wären ... aber ich hatte diese Grundeinstellung und ich war nicht glücklich, und letztlich lebte ich nur meiner Mutter zuliebe.

Dann passierte es, dass meine Mutter am 2. Mai 2004 beinahe gestorben wäre. In ihrem Kopf war ein Blutgefäß geplatzt und sie konnte nur durch eine Notoperation gerettet werden. Ihr Schädel wurde aufgesägt. Sie überstand es, wie durch ein Wunder ohne bleibende Schäden. Einige Wochen später wurde sie an der anderen Seite des Kopfes zur Vorbeugung operiert. Wieder ein gefährlicher Eingriff, wieder überstand sie ihn gut! Ich war erleichtert, kam aber auch mächtig ins Grübeln. Was, wenn sie nicht mehr da wäre? Könnte ich dann auch endlich gehen? Aber sie war da, also blieb ich!

Am 26. November 2004 starb mein Bruder bei einem Autounfall. Ich glaubte nicht daran, diesen Schmerz überleben zu können; es zerriss mich förmlich. Warum er? Warum nicht ich? Ich wollte doch nicht leben! Er schon! Er hatte so viel Pech in seinem Leben, aber er rappelte sich immer wieder hoch. Er wollte leben, wollte Kinder, eine Familie! Ich hatte immer Glück, aber ich wollte sterben. Warum nur er? Ich überlebte den Schmerz, auch wenn ich bis heute nicht weiß wie ...

Aber was im Mai angefangen hatte, in mir zu brodeln, kochte jetzt richtig auf. Meine Mutter war im Mai nicht gestorben und so war mir die Endlichkeit des Lebens nicht vollständig bewusst geworden. Jetzt, da mein Bruder fort war und ein riesiges Loch hinterlassen hatte, war sie mir bewusst. Und noch etwas war mir bewusst geworden: Ich glaubte nicht mehr daran, dass nach dem Tod einfach „nichts" ist, dass man tot ist, verrottet, und das war's. Ich konnte nicht mehr daran glauben.

Ich habe die Trauerrede für meinen Bruder geschrieben und gehalten und ich kann mich noch daran erinnern, wie mein leiblicher Vater zu mir sagte: „Ach, jetzt auf einmal muss es einen Himmel geben?!" Dafür habe ich ihn gehasst! Es hat mich in diesem Moment kein bisschen von der Liebe Gottes überzeugt, von der er sonst immer erzählte. Es tat einfach nur weh! Später wurde mir bewusst, dass ich ihm mit meinen abfälligen Bemerkungen über Gott wahrscheinlich auch oft wehgetan hatte. Wie auch immer ... es gab für mich irgendetwas nach dem

Tod, aber mit Gott hatte das für mich noch nichts zu tun. Irgendwie verdrängte ich auch das neue Gefühl der Endlichkeit. Noch war mein Lebensinhalt da, und was ich tun würde, wenn sie ging, konnte ich mir auch dann noch überlegen.

Anfang 2007 hatte der Lebensgefährte meiner Mutter einen Herzinfarkt. Er überstand ihn ohne bleibende Schäden. Ich war wieder in meinen Grundfesten erschüttert, hatte ständig Alpträume und schaffte es nicht mehr so leicht, den Gedanken an die Endlichkeit meiner Eltern, meines einzigen Halts im Leben, zu verdrängen. Rückblickend kommt es mir so vor, als hätte mir Gott einen Klaps auf den Hinterkopf gegeben und gefragt: „Hallo... hast du's immer noch nicht begriffen? *Ich bin unendlich!*"

Inzwischen wohnte ich schon in M. bei meinem Freund und mir waren neben meinem Vater noch andere Gläubige über den Weg geschickt worden. Einerseits war da ein Österreicher, der sich ständig laut mit Gott unterhielt und ihn mit „Vater" anredete. Ich hielt ihn aber eher für etwas gestört deswegen, weil er auch sonst kein besonders vorbildliches Leben führte. Nur für seine Zuversicht bewunderte ich ihn; er war sich sehr sicher, dass Gott ihn trotzdem liebt. Andererseits war da ein Mädchen in meinem Spanischkurs, den ich nach der Arbeit besuchte, damit meine grauen Zellen nicht völlig einrosteten. Sie war immer fröhlich, sehr aufmerksam und total lieb. Und ein anderes Mädchen in dem Kurs war das genaue Gegenteil: frech, unhöflich, unverschämt, gemein. Ich hätte ihr mehrfach am liebsten eine runtergehauen. Aber das fröhliche Mädchen schaffte es immer, sie zur Ordnung zu rufen, ohne dass es wie Kritik klang – im Gegenteil. Als ich sie einmal fragte, wie sie das macht, weil mir immer fast die Hutschnur platzte, sagte sie nur: „Das klingt vielleicht komisch für dich, aber ich glaube an Gott und der gibt mir die Ruhe und Kraft!" Ich war beeindruckt, dachte aber trotzdem nicht weiter darüber nach.

Eines Tages kam mein leiblicher Vater vom Gottesdienst und war ganz von Gottes Liebe erfüllt. Er saß bei uns auf der Terrasse, lächelte selig vor sich hin und sagte im Laufe des Gesprächs: „Ich fühle mich wie ein kleines Kind, das von seinem Vater an die Hand genommen wird und sich absolut geborgen fühlt und darauf vertraut, dass der Papa gut für es sorgt!" Das klingelte in meinen Ohren! Das wollte ich auch! Meine Mutter würde nicht immer bei mir sein können, aber wenn es Gott wirklich gab ... dann könnte ich einen Vater haben, der für immer da wäre.

Obwohl mich mein Vater schon viele Male zum Gottesdienst eingeladen hatte – umso häufiger, da ich ja jetzt nebenan wohnte –, beschloss ich erst jetzt, mir diese Gemeinde einmal anzusehen. Vor dem Sommerurlaub ging ich das erste Mal in die Gemeinde und ich war tief berührt; während der Lieder habe ich fast die ganze Zeit geweint. Viele sind danach auf mich zugekommen, herzlich aber unaufdringlich. Die gesamte Urlaubszeit über habe ich an dieses Erlebnis gedacht und mich danach gesehnt, wieder in den Gottesdienst zu gehen. Als wir aus Kroatien zurück waren, tat ich das auch. Nach und nach wurde mir bewusst, dass Gott mir nicht nur ein ewiger Vater sein könnte, sondern auch einen besseren Menschen aus mir machen konnte. Vielleicht müsste ich mich irgendwann nicht mehr hassen, weil ich anderen wehtat. Vielleicht könnte ich lernen, die Menschheit zu lieben. Vielleicht könnte es einen Sinn für mein Leben geben!

Als mir dann mein Vater auch noch „Jesus unser Schicksal" von Pfarrer Wilhelm Busch zu lesen gab, wurde das Gefühl, dass ich irgendetwas tun müsste, stärker. Obwohl in dem Büchlein hinten genau steht, was ich tun musste, erreichte es mich noch nicht ganz. Als ich am 2. September 2007 wieder in den Gottesdienst ging, war das Thema der Predigt „Und wenn Jesus heute käme?" Mir ging es nicht gut! Ich hatte das Gefühl, mir säße jemand auf dem Brustkorb. Mein Vater fragte mich nach der Predigt, wie ich es fand. Ich konnte darauf nicht wirklich viel sagen, ich wusste es nicht genau... ich fühlte mich komisch. Da brachte mich mein Vater zu Friedbert, einem der Gemeindeleiter, und sagte: „Ich glaube, sie hat ein paar Fragen!" Da stand ich nun und wusste nicht, was ich sagen sollte. Ich kannte den Mann doch überhaupt nicht! Ich stotterte vor mich hin, dass ich mich komisch fühlte und den Eindruck hatte, irgendetwas tun zu müssen. Mein Gegenüber schaltete sofort und ging mit mir und meinem Vater in ein kleines Nebenzimmer. Wir setzten uns in die Sessel am Fenster, und dann redete er mit mir mit seiner ruhigen, liebevollen Stimme. Irgendwann nahm er seine Bibel zur Hand und las mir Offenbarung 3,20 vor: „Siehe, ich stehe an der Tür und klopfe an; wenn jemand meine Stimme hört und die Tür öffnet, zu dem werde ich hineingehen und mit ihm essen und er mit mir" (ELB). Er hatte kaum die ersten Worte gelesen, da fing ich schon an zu weinen, es brach alles aus mir heraus. Er schaute mich eine Weile an, nahm meine Hand und fragte mich, ob ich mein Leben Jesus anvertrauen wollte. Ich konnte nur nicken, weil ich immer noch nicht aufhören konnte zu weinen. Dann betete er, und ich sprach ihm jeden Satz nach. Ich fühlte, wie sich der Druck auf meinem Brustkorb bei jedem Satz, der unter Schluchzen herauskam, etwas verringerte. *Das war es, was ich tun wollte ... tun musste ... mein Leben Gott anvertrauen!*

Trotz der Angst, die ich dabei empfand, mich von allem abzuwenden, was ich kannte, von den Menschen, die ich liebte, hatte ich das Gefühl, absolut das Richtige zu tun. Ich wusste nicht, wie meine komplett ungläubige Umgebung darauf reagieren würde. Würden sie mich für verrückt erklären? Würden sie sich abwenden? Sich lustig machen? Mir Vorwürfe machen? Würde mein Freund mich verlassen? Würde ich meinen Bruder je wiedersehen, wenn es Himmel und Hölle gab ... und *wo war er?* Ich wollte das nicht weiterdenken!

Ich hatte wirklich Angst! Und trotzdem fühlte ich mich wahnsinnig erleichtert und irgendwie ... verliebt. Ich fand es merkwürdig, weil ich Gott doch kaum kannte. Schon mehrfach hatte ich versucht, mich in jemanden zu verlieben, indem ich es vom Kopf her so entscheide. Dabei ging es immer um männliche Freunde, die mich vor die Wahl stellten, weil für sie aus der Freundschaft mehr geworden war und sie es so nicht mehr ertragen konnten. Es hatte nie funktioniert.

Bei Gott war das anders! Wochenlang war ich auf Wolke Sieben. Mittlerweile sind zwar, wie auch bei einer menschlichen Beziehung, nicht mehr andauernd

Schmetterlinge da, aber das innige Gefühl ist geblieben... ja, vielleicht sogar stärker geworden.

Ich bin nun seit mehreren Jahren gläubig und es ist die beste Zeit meines Lebens gewesen. Auch wenn in dieser Zeit nicht alles rosig war und ich auch mit Dingen aus der Vergangenheit zu kämpfen hatte, wusste ich doch immer, warum ich hier bin, dass ich nicht verrückt bin und dass das Leben einen Sinn hat. Ich weiß, dass schlimme Dinge, die ich gesehen und gefühlt habe, keine Einbildung waren, wie ich selbst und andere mir einzureden versuchten. Ich weiß, dass es beide Seiten gibt und ich weiß, was wir sind und waren. Und vor allem weiß ich, dass Gott uns trotz allem liebt, weil er uns erschaffen hat, dass er uns formen und in Ewigkeit bei sich haben möchte. Dies zu wissen und zu fühlen, zu leben und dadurch weiterzugeben... das ist der Sinn des Lebens für mich! Und ich bin Gott unendlich dankbar dafür, dass er mich nicht aufgegeben hat, dass er mir trotz aller Schmähungen nachgegangen ist und mir so vieles in den Weg gestellt hat, bis ich auf ihn stoßen musste, bis ich ihn erkennen musste – und dass er mich dann mit offenen Armen empfangen und mir meine Zweifel und Ängste genommen hat.

Es war die richtige Entscheidung!

Ich möchte für immer mit Gott leben und mich von Jesus leiten lassen! *Vater, ich bete dich an!*

Simone Fahrig

Gottes Handschrift in meinem Leben

Geboren wurde ich in Böhne, einem kleinen Dorf in der Nähe von Bad Wildungen. Ich war die Jüngste von sechs Kindern. Obwohl ich von frühester Kindheit an auf dem elterlichen Bauernhof mitarbeiten musste, hatte ich doch eine sehr frohe, behütete Kinder- und Jugendzeit. Meine Eltern erzogen mich im christlichen Glauben und lebten ihn mir im Alltag vor.

Bereits in meiner Kindheit erlebte ich, wenn auch anfangs nicht bewusst, Gottes schützende Hand über meinem Leben. Mit eineinhalb Jahren entging ich sehr knapp dem Tod. Meine Eltern waren beim Schlachten. In einem unbewachten Augenblick machte ich mich selbstständig und lief geradewegs in ein Pferdefuhrwerk, das unserem Hof gegenüber einen steilen Abhang herabkam. Die Pferde hatten einen voll beladenen Mistwagen hinter sich. Ich fiel hin, genau unter den Fuß eines Pferdes. Wie durch ein Wunder hielt das Pferd den Fuß hoch, so lange, bis mein Vater mich wegriss. Vater hatte gerade einen Eimer kochendes Wasser in der Hand gehabt, um das Schwein abzubrühen. Er warf ihn beiseite, um mich zu holen. Meine Eltern waren sehr dankbar für die sichtbare Bewahrung.

Kurze Zeit später bekam ich eine schwere Lungenentzündung, bei der es auch auf Messers Schneide stand. Mit schweren Erstickungsanfällen musste ich ins Krankenhaus. Dort verbrachte ich einige Wochen und war bald der Liebling der Station. Irgendwann besuchte mein Vater mich, aber ich erkannte ihn wohl nicht mehr. Zu Hause sagte er jedenfalls zu meiner Mutter: „Das Mädel hat mich nicht mal angeguckt. Sie hat uns vergessen." Bald danach kam ich wieder nach Hause.

Mit etwa fünf Jahren bekam ich eine schwere Rippenfellentzündung und musste viele Wochen im Bett zubringen. Da mir das sehr schwer fiel, kümmerte sich mein großer Bruder Willi oft liebevoll um mich. Er vertrieb mir die Zeit mit lustigen Späßen und besuchte mich, wann immer er konnte. Ich durfte sogar mit seinen Zinnsoldaten spielen, die für ihn ein kleines Heiligtum bedeuteten!

Da ich die Jüngste war, ging vieles an Belastungen an mir vorbei. Vater war sehr streng, doch er brachte mir das Arbeiten bei und zeigte mir wiederum sehr viel Liebe. Mutter war oft der Ausgleich zu Vaters Strenge. Sie war die Liebe in Person und sehr ausgeglichen. Jede Minute, die sie Arbeiten im Sitzen verrichtete, erzählte sie mir biblische Geschichten, brachte mir Lieder bei und war mir vor allem ein leuchtendes Vorbild im Vertrauen auf Gott, ihren persönlichen Herrn. Mit den wenigen Möglichkeiten, die sie hatte, machte sie Besuche im Dorf, beschenkte Kranke und Alte und machte vielen Menschen Mut. Das hat mich für mein ganzes Leben sehr geprägt.

Geprägt haben mich auch die Bibel- und Gebetsstunden in unserem Wohnzimmer. Das wurde jeden Donnerstag extra dafür umgeräumt. Man betete im Knien, was mich immer sehr beeindruckte.

Die jährlichen Pfingstkonferenzen in unserem Ort waren ebenfalls Höhepunkte in meinem Leben. Die Vorbereitungen hierzu machte ich gern mit; ich durfte bei einer verwandten Familie sogar mithelfen, die Suppe fürs Mittagessen zu kochen – einen ganzen Waschkessel voll! Dabei habe ich viel gelernt...

... und viele Menschen kennengelernt, unter anderem meinen Mann Kurt. Zuerst glaubte ich, seine Blicke würden meiner Schwester gelten, und neckte sie öfter. Aber ich lasse ihn seine Seite der Geschichte vielleicht lieber selbst erzählen:

Kurt:
Es war bei der Pfingstkonferenz in Böhne 1956. Der gemischte Chor sang mehrere Lieder. Unter den Sängern und Sängerinnen entdeckte ich auch die jüngste Tochter von Familie W. Die Liebe zu ihr war bei mir dann schnell entstanden.

Da ich nicht wusste, ob sie schon vergeben war, beauftragte ich meinen Freund Reinhold, Erkundigungen einzuziehen. Als er mir berichtete, sie sei in einer Pension in Waldeck beschäftigt und noch ledig, war für mich klar: Das wird meine Frau, wenn sie einverstanden ist. Im Juli war dann Missionsfest im Nachbarort, und ich holte Frieda in Waldeck dazu ab. Danach ging's nach Böhne, und mit etwas Herzklopfen bat ich Papa W. um die Hand seiner Tochter. Da ich grünes Licht bekam, wurde im August Verlobung gefeiert und im März 1957 der Bund fürs Leben geschlossen.

Frieda:
Na, ein Freund großer Worte ist mein Mann ja nicht. Für mich gestaltete sich die Sache nicht ganz so einfach

wie für ihn. Den Sommer 1956 verbrachte ich bei einer Großtante in Waldeck und half ihr, wie Kurt schon erzählt hat, in ihrer Pension. Das war eine gute „Vorschule" für das, was später auf mich zukam.

Eines Tages rief mein Schwager Reinhold an und sagte, er wolle mich einmal besuchen: Er habe mir im Auftrag eines jungen Mannes einen Heiratsantrag zu überbringen. Ich war sehr erstaunt und konnte mir nicht denken, wer das sei. Dass Kurt mich wollte, wäre mir nicht in den Sinn gekommen. Als Reinhold dann bei seinem Besuch den Namen nannte, war es mir, als würde mir jemand einen Eimer Wasser über den Kopf schütten.

Da ich so überrascht war, erbat ich mir eine Woche Bedenkzeit. Ich wollte ganz sicher gehen. Vor allem wollte ich wissen, ob das der Wille Gottes für mein Leben war. Ich betete und betete eine ganze Nacht durch. Am nächsten Morgen wusste ich immer noch nicht, was richtig war. Darum bat ich Gott um ein Zeichen. Ich schlug die Bibel „blind" auf, und mein Zeigefinger landete auf dem Vers: „Der Eltern Segen baut den Kindern Häuser" (Sirach 3,11). Das war für mich die klare Antwort. Wenn meine Eltern mir ihren Segen gaben, würde ich Ja sagen. So geschah es denn auch. Und was soll ich sagen... mittlerweile sind wir schon fast 60 Jahre verheiratet!

Nur raus hier...

Nach unserer Hochzeit zog ich zu meinem Mann in die „Leomühle", die seiner Familie gehörte. Das Anwesen ist sehr abgelegen und einsam, aber wunderschön umgeben von Wasser, Wald, Wiesen und Feldern. Wegen der schönen Lage hatten wir immer viel Besuch im Haus. Sogar Zeltlager fanden bei uns statt, aber es kamen auch immer wieder Kurgäste.

Im Lauf der Jahre bekamen wir fünf Kinder. Wir waren nicht arm, mussten aber um die Erhaltung des großen, alten Wohn- und Mühlengebäudes sowie unseres Lebensunterhaltes hart arbeiten. Mein Schwiegervater lebte bis zu seinem Tod auch bei uns.

In Haus und Garten konnte mein Mann mir nicht viel helfen, da er in der Mühle reichlich Arbeit hatte – manchmal brauchte er dort auch noch meine Hilfe. An Arbeit fehlte es mir also nie. Es gab Tage, da konnte ich kaum Luft holen und wünschte mich heraus aus dem Wirrwarr von Arbeit.

Wieder einmal war es solch ein belastender Tag. Meine 14-jährige Aushilfe war wegen Krankheit ausgefallen. Die Kinder waren außer Rand und Band, eines von ihnen dazu noch krank. Wir hatten fünfzehn Kurgäste mit Vollpension. Darunter waren einige, die ich nicht zufriedenstellen konnte, obwohl ich mir die größte Mühe gab. Der Waschtag war damals noch ohne vollautomatische Waschmaschine zu erledigen. Das Geschirr zum Spülen türmte sich zu Bergen auf.

Plötzlich lief alles durcheinander; nichts war mehr wie geplant. Irgendwann war ich innerlich und äußerlich am Ende meiner Kraft. Ich hatte nur noch einen Wunsch: Ich will hier raus, ich kann nicht mehr.

Um ein wenig Abstand zu bekommen, ging ich in unseren Garten, der direkt ans Wasser und ein Wehr angrenzt. Total ausgelaugt lehnte ich mich an den Gartenzaun und gab mich dem Plätschern des Wassers hin. Da war es mir, als würde jemand zu mir sprechen. Es war mein Taufspruch, der mir in den Sinn kam, ganz klar und deutlich. Nach meiner Taufe mit siebzehn Jahren war er mir irgendwann aus dem Gedächtnis verschwunden. Er lautete: „Die auf den Herrn harren, kriegen neue Kraft, dass sie auffahren mit Flügeln wie Adler, dass sie laufen und nicht matt werden, dass sie wandeln und nicht müde werden" (Jesaja 40,31). In diesem Moment bekam der Vers eine ganz große Bedeutung für mich. Neue Kraft – genau das war es, was ich brauchte. Und „auffahren mit Flügeln wie ein Adler", so leicht über all die Schwierigkeiten hinweg, ja, das wäre es, das wünschte ich mir.

Der Vers war eine starke Aussage. Doch ich begriff auch, dass ich das alles nur haben konnte, wenn ich auf Gott hoffte und vertraute. Nur dann hatte ich Anteil an seiner Kraft. Langsam verstand ich und nahm die Worte in mich auf. Kurz darauf betete ich: „Danke, Vater, dass diese Verheißung mir gilt. Ich will dir in Zukunft mehr vertrauen."

Von diesem Moment an durchzog mich eine große Freude und ich konnte mit neuer Kraft an meine Arbeit gehen. Noch oft, wenn ich später in ähnlichen Situationen war, hat mir dieses Erlebnis geholfen, zu der rechten Kraftquelle zu gehen.

Der schlimmste Tag meines Lebens
Der schlimmste Tag meines Lebens war, als unser zweites Kind mit zweieinhalb Jahren bei einer Mandeloperation starb. Als die Nachricht von seinem Tod kam, glaubte

ich, in ein tiefes Loch zu fallen, aus dem ich nicht wieder herauskommen würde.

Meine Gedanken drehten sich im Kreis. Das konnte doch nicht wahr sein. Nein, das wollte ich nicht annehmen. Ich wollte raus aus dieser Situation. Ich grübelte und grübelte und lehnte mich gegen das Geschehene auf.

Auch in dieser Situation kam mir ein längst vergessenes Wort der Bibel in den Sinn. Hiob hatte diesen Satz in einer für ihn besonders schweren Zeit gesagt, und er lautete: „Der Herr hat's gegeben, der Herr hat's genommen, der Name des Herrn sei gelobt" (Hiob 1,21). Dieser Vers ließ mich nicht mehr in Ruhe; ich fing an, ihn durchzubuchstabieren.

Der Herr hat mir mein Kind gegeben und der Herr hat es mir genommen – das konnte ich noch verstehen. Doch der Nachsatz, „der Name des Herrn sei gelobt", nein, das konnte und wollte ich nicht. Ich bekam einfach keine Ruhe mehr darüber. Immer wieder ging es mir durch den Kopf: „Der Herr hat's gegeben, der Herr hat's genommen, der Name des ..." *Nein!*, schrie es in mir, und ich fing wieder vorne an. Irgendwann betete ich zu Gott: „Herr, du weißt, wie es in mir aussieht. Hilf mir aus dieser Not heraus."

Und tatsächlich: Gott hatte Erbarmen und zog mich aus dem Loch der Verzweiflung heraus. Er trug mich durch die schwerste Zeit meines Lebens und half mir, das Leid anzunehmen, Ja zu sagen zu diesem Weg. Als ich an diesem Punkt angekommen war, erfüllte mich ein tiefer Frieden und ich kam über dem Leid zur Ruhe, sodass ich dann wirklich beten konnte: „Und dein Name sei dennoch gelobt!"

Bei Jesus auf dem Arm

Viele Jahre später gab es in unserer Familie noch einmal einen tiefen Einschnitt. Bei einem unserer Enkel, Benjamin, wurde mit zweieinhalb Jahren Leukämie festgestellt. Das war für die ganze Familie ein heftiger Schock. Es wurde viel für ihn gebetet und etwa drei Jahre lang ging es mit vielen Behandlungen und Gottes Hilfe einigermaßen gut. Es bestand Hoffnung auf Heilung.

Im Mai war er noch für eine Woche allein bei uns Großeltern. Wir dachten, die Krankheit sei überwunden.

Dann plötzlich, bei einer Routine-Untersuchung, kam die furchtbare Nachricht, der Körper sei voller Metastasen. Das war ein entsetzlicher Rückschlag. Man gab ihm nur noch kurze Zeit zu leben.

Danach ging alles sehr schnell. Er verbrachte die letzten Wochen nur im Krankenhaus und starb am Ende unter großen Qualen am 3. September 2003.

Wir hatten viel um Benjamins Gesundheit gebetet – mit unserer ganzen großen, weit verstreuten Familie und Freunden in Deutschland, England, Norwegen und sogar Japan. Doch Gott hatte es anders bestimmt.

In Jesaja 55,8 heißt es: „Denn meine Gedanken sind nicht eure Gedanken, und eure Wege sind nicht meine Wege." Wir hatten viele Fragen, warum und weshalb das alles geschehen war, doch es gab keine Antworten darauf. Immer wieder hatten wir in den Wochen zuvor in der fortlaufenden Bibellese Texte von Krankenheilungen gelesen, und ich hatte mich mit Glauben und Vertrauen daran geklammert. Doch über diesen Ausgang war ich bitter enttäuscht.

Dann rief unsere Tochter an und schrie ins Telefon: „Was hilft mir mein ganzer Glaube und mein Beten, wenn Gott doch tut, was er will?" Das riss mich sehr herunter, und mein Glaube wackelte ziemlich.

Doch danach hatte ich ein wunderbares Erlebnis im Abendmahlsgottesdienst am Sonntag. Am Montag sollte die Beerdigung sein, und ich wollte gar nicht zum Gottesdienst, weil ich dachte, dann würden mich alle bestürmen. Doch mein Mann überredete mich, ich solle lieber mitkommen, als nur zu Hause zu sitzen und zu weinen. Ich ließ mich überreden und hatte die schönste Erfahrung, die ich je mit Gott und unserer Gemeinde hatte. Der Pastor hielt seine Predigt ganz auf unseren Trauerfall ausgerichtet. Während des Abendmahls zählte er alles auf, was Jesus am Kreuz für jeden von uns getan hatte, damit wir einmal bei ihm in der ewigen Herrlichkeit sein können.

Plötzlich hatte ich das Gefühl, Jesus stünde vor mir. Ich sah ihn förmlich mit Benjamin auf dem Arm, und ich wusste: Er hat ihn zu sich in die ewige Herrlichkeit geholt. Nun hat er es gut, er ist schon am Ziel, ohne Schmerzen und Not. Dieses Bild war für mich so großartig, dass ich es nie vergessen werde. Von da an hatte ich wieder Grund unter den Füßen und konnte mit dankbarem Herzen die Beerdigung am nächsten Tag überstehen.

Für mich war das ein Blick in die ewige Welt Gottes, wo ich Jesus sichtbar erleben konnte. Dafür bin ich noch heute dankbar.

Frieda Silber

Erlebnisse in Lubmin

Kurz vor meinem Geburtstag 2013 war ich wegen Sorgen und Problemen in keiner guten Stimmung und Verfassung. So machte ich mir Gedanken, wie ich wohl meinen Geburtstag verbringen möchte. Zum Feiern war mir nicht zumute, aber ich wusste, dass ich schon immer am Meer und Strand meinen „Akku" wieder aufladen konnte.

Also plante ich für diese Zeit ein paar Tage an der Ostsee zu verbringen, an dem Ort (Lubmin), an dem ich viele glückliche Tage bei meiner Oma verbracht hatte. Ihr hatte dort im alten Dorfkern ein kleines Reetdach-Häuschen gehört, das ich leider schweren Herzens nach ihrem Tod verkaufen musste.

So entstand der Gedanke, diesen Ort noch einmal aufzusuchen, um zu sehen, wie sich der Ort und das Haus nach all den Jahren verändert hatten. Gespannt machte ich mich per Bahn auf den Weg. Nachdem ich im Hotel angekommen war, lief ich sogleich zum alten Ortskern und schlich um das ehemalige Häuschen meiner Oma herum, bewunderte es, wie schön es bereits von außen anzusehen war. Wie mochte es wohl innen geworden sein? Da kam ein Nachbar auf mich zu, der mit dem Käufer gut befreundet war, und vermittelte mir den Kontakt zum Eigentümer. Dieser bot mir sehr entgegenkommend seine Gastfreundschaft an und zeigte mir bis zum Dachboden hinauf seine erfolgreichen und beeindruckenden Umbauten mit großem Stolz. Meine Oma hätte sich sicher sehr gefreut, wie schön ihr Häuschen geworden war. So ging ich zufrieden zum Hotel zurück und plante den nächsten Tag, meinen Geburtstag. Zu meiner Überraschung rief mich mein Vater mehrmals an und so empfand ich doch etwas Aufmunterung und väterliche Fürsorge.

Am Tag meines Geburtstages machte ich dann einen ausgedehnten Spaziergang am Strand, der für einen Tag im Mai ungewöhnlich leer war. Umso einsamer fühlte ich mich dadurch. Es war niemand da, mit dem ich mich unterhalten konnte. Es rollten die Tränen und ich fragte mich immer wieder, wieso ich mich zu dieser Unternehmung entschlossen hatte; oder war ich so unzufrieden, undankbar, ungenügsam? Ich sagte mir, ich war doch gesund, konnte reisen, hatte eine schöne Unterkunft, hatte eine nette Hausbesichtigung erlebt, hatte schönes Wetter... und trotzdem fühlte ich mich elend und „gottverlassen", wie man so schön sagt.

In Gedanken versunken stand ich plötzlich vor großen Findlingen im Wasser und balancierte auf ihnen bis zu einem großen Stein, auf dem ich mich niederließ. Ich saß also vom Wasser umspült dort mit Blick auf die Weite des Meeres und fing an zu beten. Ich bat um Hilfe, Kraft und Verstehen, warum alles so gekommen war und was es zu bedeuten hatte, warum ich diesen Weg gehen sollte.

Da bemerkte ich ein großes Herz im Wasser und war erstaunt, dass es ganz ruhig auf dem Meeresgrund lag und sich trotz Wellen nicht bewegte. Ich musste doch etwas schmunzeln.

Als ich meinen Weg fortsetzte, entdeckte ich im Sand einen Bernstein in Form eines Tropfens, der wie eine

Träne aussah. Als Bernsteinliebhaberin hüpfte mein Herz vor Freude. Da musste ich schon wieder schmunzeln.

Einige Zeit später fiel mein Blick auf einen Blumenkranz, der am Wasser lag, hob ihn auf und freute mich über dieses Kunstwerk aus Butterblumen, legte ihn dann vorsichtig wieder in den Sand und ging weiter. Meine Stimmung war aber immer noch recht „bedeckt". Nun sah ich einige Meter weiter einen weiteren Blumenkranz, der noch schöner und voller Blüten war als der vorherige. So setzte ich ihn mir auf den Kopf und machte ein Foto davon. Schließlich war ja heute mein Geburtstag! Und schon wieder musste ich schmunzeln.

Am späten Nachmittag ging ich am Ende des Strandes ein Stück durch den Wald und wollte dann über die Strandpromenade zurück zum Hotel und Abendbrot essen.

Am Waldrand und Anfang der Strandpromenade befand sich ein Restaurant, das ein Schild am Weg aufgestellt hatte, dem ich erst kaum Beachtung schenkte, denn mein aufkommender Hunger trieb mich nun Richtung Hotel. Beim Vorbeigehen drehte ich mich eher beiläufig um, ohne wirkliches Interesse. Da las ich etwas von „Geburtstagskind" und „kostenlosem Essen" in diesem Hause, sodass ich stutzte.

Ich ging hinein und fragte etwas skeptisch, ob das richtig wäre und wie sie das denn prüfen würden. Ja, meinen Ausweis müsste ich schon vorzeigen. Den hatte ich in der Tasche! Also suchte ich mir ein schönes Plätzchen auf der Terrasse mit Blick zum Meer und Sonnenuntergang und las neugierig in der Speisekarte.

Da spürte ich, dass ich doch nicht allein war, dass der himmlische Vater mir so oft zeigen wollte, dass er bei mir ist, mich führt, ich ihm vertrauen kann, ja, dass er mir die Freude zu Füßen und ins Herz legte und ich nicht traurig zu sein brauchte. Nun zog ein Lachen über mein Gesicht und ich fühlte mich stolz wie eine kleine Prinzessin, die es sich gut gehen lassen durfte. Ich genoss meine Leibspeise, Zander auf Spinat, und blickte auf den Tag zurück.

Er war doch etwas ganz Besonderes gewesen, anders als all die anderen Geburtstage. Trotzdem bekam ich viel geschenkt, das hatte ich nun begriffen. Ich war nicht allein und sollte auch darauf vertrauen lernen. Natürlich konnte ich es kaum erwarten, mein Erlebnis der Familie und den Freunden zu erzählen und denke, dass es auch sie berührte und sie verstanden, dass man auch im Herzen feiern kann und Erfüllung findet … durch unseren Herrn Jesus Christus!

Am Ortsrand von Lubmin befindet sich eine kleine Dorfkirche. Dort dankte ich Gott noch einmal voller Freude für diese Erfahrung an meinem Geburtstag.

Regina Hettwer

Erlebt – Er lebt

2004

Wieder einmal hatte ich seit Wochen andauernde Schmerzen, und wieder einmal fragte ich Gott: „Herr, was ist jetzt dran?" Dann fiel mir der Vers „Meine Seele ist stille zu Gott, der mir hilft" aus Psalm 62,2 ein. Das gilt für mich. *Erlebt – Er lebt.*

Er, Gott, setzt das Stoppschild oder stellt uns vor eine Umleitung, und meistens passt uns das gerade gar nicht – solange, bis wir zur völligen Ruhe kommen. Diese Stille kommt meist erst durch das Gebet. Sicherlich erscheint uns diese Zeit oft zuerst als Minus, aber Gott kann daraus ein Plus machen. Denn Gott hat immer gute Gedanken für die Gegenwart und Zukunft mit uns, weil er sich mit uns ein Ziel gesetzt hat – ein sinnvolles Ziel. So sollten wir ihm auch vertrauen, wenn erneut eine Umleitung ansteht, denn er kann helfen, ändern, kräftigen, heilen – aber er möchte unser ganzes Vertrauen!

Gerade jetzt, wo ich mich und Gott frage, „Was soll ich schreiben?", fällt mir im Brief eines Missionswerkes ein Bibelvers in roter Schrift ins Auge. Es ist 5. Mose 8,2: „Du sollst an den ganzen Weg denken, den der Herr, dein Gott, dich ... hat wandern lassen ..." (ELB). Weiter hieß es in dem Brief:

„Wir wissen um die Kurven unseres Lebens. Wie fürchteten wir die Steilstrecken und bangten, wenn der Weg unserer Lebensfahrt uns zu gefährlich und schmerzhaft erschien. Doch wir sollten schon ab und zu in den Rückspiegel Gottes schauen! Dort erkennen wir gewiss viel Grund zur Dankbarkeit für all das, was wir mit ihm erlebt haben. Ein solcher Blick in den Rückspiegel würde Gott ehren, denn schnell vergessen wir seine liebevolle Durchhilfe. Doch gerade sie gibt uns doch den nötigen Trost und neue Zuversicht!"

Nur wer dankbar zurückschaut, kann mutig vorwärts blicken. Auch deshalb denke ich, möchte ich anderen davon erzählen, wie liebevoll Gott in meinem Leben gehandelt hat.

Unser Trauspruch – neu entdeckt

Als wir 1966 heirateten, hatten wir uns einen Trauspruch aus dem 119. Psalm ausgesucht. Aber wie erstaunt waren wir, als uns am Tag der Trauung vom Pastor ein Wort des 23. Psalms zugesprochen wurde! Wir sagten nichts und nahmen das so hin. Darüber vergingen ganze 19 Jahre.

Während dieser Zeit waren wir beide, mein Mann und ich, der festen Meinung, der *ganze* 23. Psalm sei unser Trautext – bis ich 1985 im Telefongespräch mit einer Bekannten beiläufig erwähnte, dass meine Bibel schon sehr in die Brüche ging. Kurze Zeit später rief sie zurück und meinte, die kaputte Bibel könnte sie bei Bekannten neu binden lassen.

Ich freute mich sehr, dass Gott auch dafür gesorgt hatte! Nach drei Wochen erhielt ich meine Bibel fein gebunden zurück; es waren sogar noch etliche leere Seiten hinzugefügt worden.

Die Bekannte fragte dann an, ob das so in Ordnung wäre. „Alles bestens", war meine Antwort.

Daraufhin sah ich mir das gute Stück noch einmal genau an. Und nur gut, denn dabei machte ich folgende Entdeckung: Die ersten drei sehr dünnen Seiten hatte ich vorher, weil sie so leicht knickten, unter den Ledereinband der Bibel geschoben. Als sich das nun änderte, fiel mein Blick auf die erste dünne Seite, und da stand... unser Trauspruch, aber höre und staune, nicht der ganze 23. Psalm, sondern Psalm 23,3. Ich war verblüfft und wusste vor Aufregung nicht mehr, was in Vers 3 stand. Also las ich es nach: „Er erquickt meine Seele. Er führet mich auf rechter Straße um seines Namens willen."

Das galt also für uns beide – für meinen Mann und für mich!

Dieses „Erwachen" fanden wir beide sehr lehrreich und wir klammerten uns mehr denn je an „unseren" Vers. Oft haben wir uns in den Jahren danach in freudigen Situationen, aber besonders auch im tiefen Leid an Psalm 23,3 erinnert.

Die Leuchtkreuze

Als ich schon kurz danach wieder durch eine schwierige Krankheitssituation gehen musste, die zehn Monate andauern sollte, wurde uns das Wort aus Psalm 23,3 eine echte Hilfe.

Nach einem Krankenhausaufenthalt bekam ich nach einer Halsinfektion beim Sprechen ständig große Schmerzen und hatte vom Arzt wochenlang absolutes Sprechverbot. Bei der Untersuchung stellte man endlich einen drei Zentimeter großen Knoten an der Schilddrüse fest. Aber wie geschockt war ich, als mir mehrere Ärzte sagten, die

Schmerzen beim Sprechen kämen mit Sicherheit *nicht* von diesem Knoten. Ja, woher dann? Bisher konnte es mir niemand sagen. So war ich an dem Freitag, als ich das erfuhr, sehr niedergeschlagen, und mein Mann ebenfalls.

Als ich am Sonntag darauf mittags beim Abwaschen war, wurde mir wieder einmal meine ganze Krankheitsnot so richtig bewusst. All die vielen Jahre mit Schmerzen leben, und jetzt auch noch diese Ungewissheit mit dem Hals! Da fiel mir plötzlich bei der Arbeit in der Küche wieder unser Trauspruch ein. „Herr", sagte ich im stillen Stoßgebet zu Gott, „du hast uns diesen Spruch gegeben. Wir hatten ihn uns nicht ausgesucht – das musste doch von dir kommen. In diesem Wort hast du gesagt, ‚Er erquicket meine Seele' – Herr, und du siehst mein Inneres, wie niedergeschlagen und traurig ich bin. Dieser Vers ist doch eine Verheißung! Herr, ich klammere mich daran, hilf du uns!"

Als ich mit dem Abwasch fertig war, fiel mir mein Versprechen ein, das ich meiner Tochter Inis am Telefon gegeben hatte. Sie machte damals in Westdeutschland ein einjähriges Haushaltsjahr und hatte mich gebeten, in das Paket, das ich gerade für sie packte, noch die Leuchtkreuze aus ihrem Zimmer hineinzulegen. Wo sollte ich die aber wohl finden – ich kann ja nicht lange stehen?

Ich bat Gott um Hilfe, ging in Inis' Zimmer und fand auch gleich das große Leuchtkreuz, warf kurz einen Blick darauf und wollte nun weiter die anderen kleinen Kreuze suchen. Da fiel mir mit einem Schlag auf, was auf dem großen Kreuz mit Leuchtschrift geschrieben stand: „Er erquicket meine Seele."

Ich war so verblüfft, dass ich mich erst einmal auf die Couch meiner Tochter setzte und Gott für diese wortwörtliche Antwort und Bestätigung auf meine Bitte dankte. Diese vier Worte reichten aus, um auch den zweiten Teil von Psalm 23,3 für uns persönlich zu nehmen: „Er führet mich (uns) auf rechter Straße."

Wenn Gott uns das so wortwörtlich erleben lässt, dachte ich mir, *wird das auch für uns zutreffen.* Wir können ihm wieder neu vertrauen, dass der so beschwerliche Weg *dennoch der richtige Weg für uns ist.* Wie diese Straße in Zukunft für uns aussehen würde, über welche Höhen oder auch durch welche tiefen Täler Gott uns führen würde, war uns unbekannt. Aber dass es die richtige Straße war, auf der wir gewiss zum Ziel kommen, durften wir fest wissen.

Ich hatte mir auch über den dritten und letzten Teil unseres Trauspruchs Gedanken gemacht. „Um seines Namens willen", hieß es dort, und mit diesem Satz kam ich nun gar nicht zurecht. So bat ich Gott, mir zu zeigen, was das für uns bedeutet.

Schon wenige Wochen danach erhielt ich einen Rundbrief eines Missionswerkes, in dem genau Psalm 23,3 ausgelegt war. Da stand dann zu lesen:

„Um seines Namens willen ...": Weil sein Name „Rat – Kraft – Held – Ewig-Vater – Friedefürst" heißt, darum wird er seine Zusage einhalten. Weil sein Name „der Treue" ist, kann er nicht untreu sein. Weil sein Name bedeutet: „Ich bin da mit meiner Macht und Hilfe", braucht keines seiner Kinder einsam und verlassen zu

sein. Weil sein Name „Erlösung" ist, können wir mit unserer alten Art und mit unserer Schuld zu ihm kommen.

So wurde uns der ganze Vers 3 schrittweise durch Gottes liebevolle Offenbarung klar. Seitdem liebe ich das Wort „Erquickung" sehr und zitiere noch aus einem anderen Brief:

Wenn durch Frost und Eis
die ersten Frühlingsblumen blühen ...
Wenn nach dunklen Leidenstagen
die Sonne wieder scheint ...
Wenn trotz tausendfacher Nöte
sich dennoch Türen öffnen ...
Wenn Traurigkeiten schwinden
und es kehrt Friede ein ...
Das ist Erquickung.

Gott wird zur rechten Zeit handeln. Kampf und Widerstand bleiben gewiss – doch uns ist auch ebenso gewiss Erquickung zugesagt. Meine notvollen Begrenzungen sind somit für Gott Möglichkeiten, mich neu zu stärken, denn ohne seine Erquickung bleiben wir auf der Strecke.

In diesem Brief hieß es weiter: „Vom Herrn erquickte Menschen sind eine Erquickung für andere. Erquickung ist nie Selbstzweck, nur vom Herrn Erquickte können recht kämpfen. Nur vom Herrn Erquickte sind bereit, neue Glaubenseinsätze zu wagen, und er hat es uns zugesagt: ‚Er erquicktet unsere Seele'."

So stärkt Gott uns Menschen, nimmt aber auch gleichzeitig gewisse Kurskorrekturen bei uns vor. Das tut er aber auch nur schrittweise. Er verlangt von uns nicht, mit einem Schlag alles zu ändern, was er uns erkennen lässt. Außerdem gibt er uns auch nicht alles auf einmal zu erkennen (so, wie ich es mit unserem Trauspruch erlebt hatte). Es geht in Etappen. So groß ist seine Liebe zu uns, dass wir alles recht verkraften sollen und von Mal zu Mal ihm dankbarer werden können.

In einer Stillen Zeit wurde mir einmal wichtig, dass ein Mensch durch viele Tiefen gehen muss, ehe er bereit ist, von der Gnade zu leben. Gottes Gnade ist ganz umsonst, doch oft ist sie uns zu teuer – sie kostet unseren Stolz. Diese seine Gnade ist in seinem Plan, den er mit unserem Leben hat, inbegriffen. Und so bin ich letztendlich froh, wenn Gott meine Programme geändert und somit meine eigenen Pläne gegen seinen für mich besseren Lebensplan ausgetauscht hat.

Herr Jesus, hier bin ich mit meiner Geschichte, meiner Vergangenheit, meiner Schuld, mit den Hoffnungen und Enttäuschungen, mit meinen Gaben und allem, was ich kann. Dazu gehören auch meine Zweifel und Probleme. Ich gehöre zu *dir*! Dein Leben hast *du* für mich eingesetzt. Du bliebst nicht im Tod, *du* lebst und stehst bei Gott für mich ein. *Danke!*

Silberhochzeit

Auch am Tag unserer Silberhochzeit 1991 erinnerte uns Gott besonders an unseren Trauspruch Psalm 23,3. Unter all den Glückwunschkarten erhielten wir einen lieben Gruß, auf dem stand: „Er erquicket meine Seele..." Als ich telefonisch die Kartenschreiberin fragte, woher sie denn unseren Hochzeitsvers gewusst hatte, erzählte sie mir Folgendes: „Du, ich habe das nicht gewusst. Weil ich krank war, konnte ich keine Karte kaufen gehen, bat also meine Freundin um Hilfe, die mir zwei Karten zur Auswahl gab. Ich entschied mich für die Karte mit dem Psalm 23,3, ahnte aber nicht, dass ich mich damit für euren Trauspruch entschieden hatte."

So nahmen wir, mein Mann und ich, das als erneute Bestätigung für unseren gemeinsamen Weg – auch nach der Silberhochzeit.

Die Zettel-Tröstung

Mit bewegtem Herzen erinnere ich mich auch an eine monatelange Zeit im Jahr 1978, in der ich von Krankheit und Schmerzen geplagt war.

Unsere Tochter Inis war acht Jahre alt. Ich lag auf der Couch, und durch die wochenlangen Schmerzen zermürbt, konnte ich für einen kurzen Moment die Tränen nicht zurückhalten. Inis saß ein Stück weg am Esszimmertisch und malte. Ich war mir sicher, sie hätte meine Tränen nicht mitbekommen. Plötzlich stand sie auf und brachte mir mehrere bemalte Blätter und Zettelchen.

Ich traute meinen Augen kaum. Die erste Zeichnung war eine riesige Hand, unter die Inis die Worte „Die heilende Hand" geschrieben hatte. Ein zweites Bild zeigte einen fröhlich singenden Vogel auf einem Ast, darunter der Bibelvers: „Rufe mich an in der Not; ich will dich erretten, und du sollst mich preisen" – und daneben ein Telefonhörer. Einige Sätze, die meiner Tochter offenbar ebenfalls wichtig geworden waren, standen einzeln auf anderen Blättern: „Jesus ist dein Helfer." „Jesus ist der Weg." „Jesus hat dich sehr lieb." Auf einem weiteren Bild waren zwei Figuren zu sehen: eine, die mit bittend ausgestreckten Händen vor der anderen Person kniete, die wiederum der knienden Person die Hände in einer Segensgeste auf den Kopf gelegt hatte. Darüber standen die Worte: „Er ist dein Helfer. Er ist dein Arzt." Wieder eine andere Zeichnung zeigte eine Figur vor einer Wegkreuzung. Der eine Weg war mehrmals durchkreuzt und stellte offenbar eine Sackgasse dar; auf dem anderen wartete eine Figur mit Engelsflügeln. Darunter hatte Inis geschrieben: „Suche den Weg zu Jesus."

Ein besonders großes Bild war nachdrücklich mit rotem Filzstift gemalt. Zwei einander gegenübersitzende Personen hatten die Hände betend zum Himmel erhoben, wo Jesus (Inis hatte diese Figur extra mit dem Wort „Jesus" gekennzeichnet, um jede Verwechslung auszuschließen!) mit weit ausgebreiteten Armen stand, wie um das Gebet in Empfang zu nehmen. In einer Sprechblase über einer der betenden Figuren stand der Beginn des Vaterunsers, doch Inis hatte ihr eigenes Gebet an der Seite angefügt: „Lieber Gott, lass doch Mama, Papa und mich wieder froh werden, dass wir allen Kummer und alle Sorge vergessen. Bitte, bitte. Amen."

Ich wusste in dem Moment nicht, ob ich lachen oder weinen sollte. Inis erzählte mir dann, dass sie viele dieser Sätze und Bibelworte noch von der Kinderfreizeit unserer Gemeinde vor drei Wochen wusste und gelernt hatte. So gebrauchte Gott diese Sätze, um nun mich zu trösten. – Es gab eine feste Umarmung und ein dickes Lob von mir für

Inis. So bekam ich immer wieder Bibelworte und Verheißungen von Gott, auch durch Anrufe und Briefe, sodass ich immer wieder neuen Mut fassen konnte, dass Gott alles in seiner Hand hat, dass ihm nichts entgleitet – auch ich nicht und kein anderer Mensch.

Zufall oder Gottes Fügung?
Eines Tages klingelte das Telefon und eine ältere Frauenstimme sagte: „Ach, meine Liebe, habe ich dich gestört?" *Nanu, wer kann denn das sein?*, fragte ich mich. So sprach sonst nur meine Tante, und mit ihr hatte ich erst vor einer Viertelstunde telefoniert.

Also fragte ich, wer denn am Apparat sei. Die alte Dame meinte nun ganz betroffen: „O, habe ich etwa falsch gewählt – dann bitte ich um Entschuldung." Sie wollte schon den Hörer auflegen, doch ich sagte ihr, das sei gar nicht schlimm, das könne mir auch passieren. Dann erzählte sie: „Ach, vielleicht sind Sie auch so allein wie ich, ich bin schon 89 Jahre." Ich sagte ihr, dass ich noch eine Familie habe, dass ich aber schon seit vielen Jahren immer wieder krank war und mir auch Schmerzen sehr zu schaffen machten. Aber mein Mann und ich nähmen jeden Tag aus Gottes Hand. Da wurde die Stimme am anderen Ende der Leitung mit einem Mal sehr lebendig und Staunen war auf beiden Seiten zu spüren. Ich sagte ihr: „Wissen Sie, wenn wir uns auch verwählen – bei Jesus sind wir immer richtig verbunden." „Ach, vorhin war ich noch so traurig", meinte sie „und jetzt bin ich so getröstet." Sie gab mir dann noch ihren Namen und ihre Adresse – und so ging es nicht nur auf dem Telefonweg, sondern auch auf dem Postweg hin und her. Die Verbindung riss bis zu ihrem Tod nicht ab. Wir haben uns nie persönlich kennengelernt, doch was Gott zusammenführt, das segnet er auch. In Gebetsanliegen standen wir füreinander ein und am Telefon durften wir uns untereinander trösten und uns Mut zusprechen. *Zufall* ist das, was uns von Gott *zufällt.*

Ein entscheidender Satz

In einer anderen Situation stand eine wichtige Entscheidung an – ich wollte Gott vertrauen, aber immer wieder kamen Zweifel durch. So schlief ich abends endlich ein, wachte nachts auf und hörte ganz deutlich die Worte: „Wenn du mir vertraust, musst du mir auch etwas zutrauen." Das saß. Ich wollte einfach glauben, dass alles gut wird. Durch dieses Erlebnis konnte ich besser auf Gott vertrauen.

Gebetserhörung

Durch meine immer wieder langen Krankheitszeiten über viele Jahre hinweg stellte sich die räumliche Entfernung zu unserer Gemeinde als doch recht groß heraus. So bat ich Gott, er möge mir doch einen lieben Menschen schicken, der mit mir die Bibel liest und betet.

Endlich, eineinhalb Jahre später, lernte ich auf einem Basar eine Frau kennen, der ich mein Anliegen erzählte und fragte, ob sie nicht jemanden wüsste. Da sagte sie plötzlich zu mir: „Würden Sie auch mit mir vorlieb nehmen?" Das Eis war gebrochen und nach einiger Zeit trafen wir uns wöchentlich einmal zum Bibellesen und Beten. Diese

Treffen gingen über etwa sieben Jahre, danach trug Gott ihr die Pflege ihrer Mutter auf. Aber immer noch stehen wir telefonisch in Verbindung, wenn Gebetsanliegen da sind und wir uns mit einander von Gottes Handeln in unserem Leben derzeit erzählen. Wie viel durfte ich von dieser lieben Frau lernen, was das Vertrauen zu Gott anbelangt. Immer noch höre ich ihre Worte: „Frau Mahlke, trauen wir doch unserem Gott etwas zu." Und das sagte sie mir auch noch vor Kurzem aus einer ganz schwierigen Situation in ihrem Leben heraus.

Da fällt mir ein Gedicht ein, „Vertrauen", dass ich am 24.06.1987 gedichtet habe (entstanden 1986):

V-E-R-T-R-A-U-E-N

Vater, Du weißt was ich brauche,
Deine Kraft, sie hebt und trägt,
wenn ich in der Schwachheit strauchle
und so finster ist mein Weg.

Eile, hilf mir, eh ich sinke
wie einst Petrus auf dem Meer.
Schenk mir, dass ich Dir vertraue
jetzt und immer, für und für!

Reich mir Deine Hand, die starke,
dass ich fasse und halt' still,
wenn die Wellen hoch sich türmen
und mich tief und tiefer zieh'n.

Tag und Nacht lehr' Du mich glauben
an den Sieg von Golgatha,
dass Du auch in jeder Stunde
bei mir bist und mich beschützt.

Rette aus des Feindes Netzen,
der mich zu sich ziehen will,
dass ich keinen falschen Götzen traue,
nur, ach nur, Herr Jesus, Dir!

Auf Dein Kreuz lass stets mich schauen,
wo Du alle Schuld der Welt
mit in Deinen Tod begraben,
dass wir Sündenvergebung haben.

Und bliebst nicht im finstren Tode –
o, das gibt mir Zuversicht.
Bist zum Vater auferstanden
und regierst in Seinem Licht.

Einer leitet die Geschicke
auch mein kleines Menschenherz.
Wenn ich dich noch nicht kann schauen,
will ich glauben und v e r t r a u e n .

Nöte, Schmerzen und Bedrängnis:
gib mir stets die rechte Kraft,
lenk' und leit' durch Deinen Geist mich,
dass ich's bis zum Ziel hin schaff'!

Herr, ich brauche dich!

In dieser Zeit schenkte mir Gott bei aller Arbeit auch stets die richtige Lektüre, um wieder Mut zu fassen. So las ich in einem Buch von Catherine Marshall über Lebensprinzipien unter anderem: „Jesus ist auf die Erde gekommen, um uns den Willen des Vaters zu zeigen. Gott, der den unglaublich komplizierten und wunderbaren Körper des Menschen geschaffen hat, kann ihn auch heute noch von Krankheit heilen, aber nicht als ein göttlicher Zauberer. Wir müssen seinen Weg suchen, seine Zeit abwarten und die Lektion lernen, die er uns während des Verlaufs der Krankheitszeit beibringen will." (Quelle unbekannt)

Wenn irgendjemand eine schmerzliche Erfahrung macht, die unser Verstand nicht mit einem liebevollen Gott in Einklang zu bringen vermag, dann gibt es nur ein Heilmittel: „Ich brauche dich und deine Gegenwart, Herr, mehr noch als ich Verständnis für die augenblickliche Lage habe. Ich entscheide mich für dich!" Dann schenkt er uns Frieden und Einsicht. Und mit Frieden von Gott im Herzen kann man alles von Gott Auferlegte besser tragen und ertragen, weil man sich in ihm dennoch geborgen weiß.

Ein weiteres Gedicht dazu schrieb ich am 8. September 1988:

> Birg mich, o Jesus, völlig in Dir.
> Geh Du den dornigen Weg mit mir
> Halte mich fest und lass mich dann sein
> einzig, ewig und völlig nur Dein!

Geht auch der Weg durch manchen Verzicht
und ich meine, dass mir alles zerbricht,
dann lass mich an Deine Verheißungen denken.
Du kannst allein mir Kraft wieder schenken

Wie Du Elia wunderbar stärktest,
als Du sein Nichtmehrkönnen bemerktest,
schicktest Du ihm einen Engel zu,
gabst Hilfe ihm, Frieden und Herzensruh.

Lass mich immer ein *Dennoch* finden,
dass ich neu zu vertrauen beginne.
Dir vertrauen heißt auch Gott etwas zutrauen
solang, bis wir Dich in Ewigkeit schauen.

Wenn wir vertrauen, wirst Du, Herr, geehrt
und damit Dein Lob und Preis vermehrt.
Schenk uns, wie einst Paulus,
die Kraft zum Glauben,
damit wir im Kampf als Deine Jünger taugen.

Und naht wieder der Feind und will uns verzagen,
dann lass es uns auf Dein Versprechen hin wagen.
Die Männer im Feuerofen hast Du bewahrt,
keine Hitze konnte ihnen schaden, halleluja!

Das Volk Israel führtest Du durchs Rote Meer,
aber erst, als sie den ersten Schritt wagten zu geh'n,
teilten sich die Wogen und sie zogen frei,
Du gingst ihnen voran, warst immer dabei.

Als Du von Abraham den Isaak wolltest,
hattest Du schon die Hilfe – das Lammesopfer.
Du wolltest nur das vertrauende Herz,
das Ja sagt zu Dir in Prüfung und Schmerz.

So gib Du mir täglich und stündlich die Kraft,
dass sie immer wieder Vertrauen in mir schafft,
um zu Deinem Plan mit meinem Leben
immer zu wissen, das alles sinnvoll gewesen.

Alle Gedichte entstanden in meiner größten und schmerzreichsten Krankheitszeit.

Gott erinnert mich

Bei Gott hat wirklich alles einen Sinn; Gott schaut ja bis zum Ziel unseres Lebens. Wir hingegen sehen oft nicht einmal den nächsten Schritt, deshalb sehen wir hinter so vielem noch keinen Sinn.–

Ein Ereignis darf ich bei meinen Aufzeichnungen nicht vergessen: Es war der 8. November 1993. Mein Mann lag im Krankenhaus. Nach langer Diagnosefindung lautete der Befund dann „Nierenstein". Deshalb also die Koliken und wochenlanges Bangen!

Als ich den ersten Abend so allein im Haus verbrachte, überkam mich Angst, Alleinsein und noch die Ungewissheit über die Situation meines Mannes. Ich ging zu Bett, konnte aber nicht einschlafen. Ich betete, und plötzlich fiel mir mein Konfirmationsspruch aus Hebräer 13,6 ein. Lange hatte ich nicht an ihn gedacht. „Der Herr ist mein Helfer, ich will mich nicht fürchten; was kann mir ein

Mensch tun?" O, wie gut und für mich tröstend war dieser Vers! – Danach schlief ich beruhigt ein.

Eine Zeitschrift als Brückenbauer

Bevor mein Mann ins Krankenhaus kam, hatte ich eine Annonce in der „Obstbörse" der hiesigen Zeitschrift aufgegeben: „Quitten zu verkaufen!" Die Ernte fiel in diesem Jahr so reichlich aus, dass ich die Früchte nicht alle selbst verbrauchen konnte. Eine Frau holte sich daraufhin mit ihrem Auto eine größere Menge. Sie wollte schon losfahren, da war mir, als sagte mir jemand: „Gib der Frau eine *Lydia*", eine christliche Zeitschrift. Jedoch kämpften zwei Seelen in meiner Brust, denn dazu musste ich nochmals Treppen steigen und gerade tat mir das schon zweimal operierte Knie sehr weh. Ich fragte, dann die Frau: „Dürfte ich ihnen ein *Lydia*-Heft, eine christliche Zeitschrift, schenken?"

„O", sagte sie: „sind Sie auch Christ? Haben Sie denn nicht den Fisch an meinem Auto gesehen?" Nein – wie auch, wenn zum Beladen des Kofferraums die Klappe hochgestellt war. Na, wir mussten alle drei herzhaft lachen. Ich holte für sie eine *Lydia*. Da erzählte Frau S.: „Wir kommen jeden Mittwoch zum Hauskreis, zum Bibellesen und Beten zusammen. Wenn Sie wollen, können Sie gern dazukommen." Ich erwiderte, dass das nicht ginge, da ich seit 1970 ein schweres Steißbeinleiden hätte und nicht so lange sitzen könne. „Das ist doch kein Problem", meinte sie, dann kommen wir eben zu Ihnen." Ich wolle es mir überlegen und darüber beten, gab ich ihr zur Antwort.

Danach erkrankte mein Mann, wie eben geschildert, und musste ins Krankenhaus. Ich hatte also vierzehn Tage Zeit, Gott zu fragen. Und als mich dann an dem Abend die Angst überkam, Gott mich aber mit dem Bibelvers: „Der Herr ist mein Helfer" so wunderbar tröstete, war mir klar: „Mach das mit dem Hauskreis." Seitdem ist es nun schon zwanzig Jahre her, dass wir uns hier bei uns zum Hauskreis treffen, gemeinsam in der Bibel lesen, uns einander unsere Gebetsanliegen sagen und miteinander beten. Und als Gott so die Tür für einen Hauskreis bei uns öffnete, hatte er in seiner Weisheit noch vieles andere beschlossen. Wir dürfen uns, einer dem anderen, in vielerlei Weise untereinander helfen, beistehen, füreinander da sein. Immer wieder segnet Gott unser Beisammensein und wir gehen gestärkt und mutig in den Alltag zurück, jeder an den Platz, wo Gott uns hingestellt hat.

Im Dezember 1984 entstand von mir folgendes Gedicht, und so sehe ich auch durch Gottes Führung mit dem Hauskreis, dass er jeden von uns und auch mich tatsächlich fest in seiner Hand hält.

Halte Du mich fest, o Jesus,
fest an Deiner starken Hand,
dass mich keine Kraft des Bösen
reiß' von Deiner Liebe ab.

Halte Du mich fest, o Jesus,
in des Schmerzes Not und Pein,
lass mich allezeit zu Dir aufblicken
und mich wissen: Ich bin Dein!

Halte Du mich fest, mein Heiland,
Du hast ja bisher gesorgt.
Bist die Wege mit mir gegangen,
Die nach Deinem Willen ich sollt geh'n.

Halte Du mich fest, mein Retter,
wenn es geht so tief hinunter –
in den Himmel ja hinauf
geh' voran und trag mich durch.

Halte mich trotzdem beim Danken,
wie beschwerlich auch der Weg.
Hast Du uns nicht das verheißen,
in Ewigkeit bei Dir zu sein?

Dann streckst Du, o treuer Jesus,
Deine Hand mir fest entgegen,
hilfst mir, wie Du hier geholfen,
machst aus Tränen Seligkeit.

Gottes Stunde
Ein Artikel von Paul Deitenbeck wurde mir in dieser Zeit
sehr wichtig:

„Die allerhöchste Aufmerksamkeit unseres Gottes ist eine
Tatsache, die alle erfahren, die sich im Ernst mit Gott einlassen. Gott ist keine Idee, noch weniger ein Phantom,
Gott ist tatsächlich der in unser Leben Hineinwirkende. Er
ist fassbar geworden in der Menschwerdung Jesu Christi,
in seinem gnädigen Entgegenkommen. Wer Jesus im

Glauben persönlich annimmt, kommt unter die väterliche Aufmerksamkeit Gottes – oft zum Greifen deutlich. Dann kommen auch wieder Stunden, wo der Christ sich hindurchglauben muss, ohne zu erfahren: Gott ist im Kleinen am allergrößten. Auch scheinbare Zufälligkeiten erweisen sich im Lichte Gottes als Aufmerksamkeiten Gottes.

Gott setzt manchmal einen ganzen Apparat von kleinen Ereignissen ein, um Seine Stunden in unserem Leben zur Reife zu bringen. Gott greift meist nur anders ein, als *wir* es uns vorstellen. Die erwartete Antwort oder Hilfe kommt oft zu einer unerwarteten Stunde, am unerwarteten Ort, von unerwarteten Menschen. Oft türmen sich vor dem Eingreifen Gottes unglaubliche Schwierigkeiten und es sieht aus, als hätte ich noch eine lange Wegstrecke zu warten. In Wirklichkeit aber ist es nur noch ein Schritt, aber *ein* steiler Schritt über die Mauer. Psalm 18: ,Mit meinem Gott kann ich über die Mauer springen.'

Gott sorgt dafür, dass diejenigen Menschen, die wir brauchen, zur rechten Zeit in unserem Leben erscheinen.

Dasselbe gilt von Büchern, Artikeln und Bildern, die, scheinbar zufällig, unter der geheimnisvollen Führung Gottes zu uns kommen. Alles, was mir begegnet, muss erst an Gott vorbei. Dieses Vertrauen gibt meinem Leben die positive Einstellung. Auch die Querschläge in meinem Leben stehen unter den verborgenen Vorzeichen, dass sie Beitrag sind auf dem Wege zu meiner letzten Bestimmung: ,Wir wissen aber, dass denen, die Gott lieben, alle Dinge zum Besten dienen' (Römer 8,28). Das Beste (das Gute) ist aber nach der Bibel, dass ich im praktischen Lebensgehorsam mich unter der Führung Gottes präge lasse in das Bild Jesu und als Kind Gottes frei werde zu echter Mitmenschlichkeit. Denn alle Aufmerksamkeit, die Gott mir bis ins Kleinste zuteilwerden lässt, darf ich *ihm* gegenüber abdanken durch Aufmerksamkeit gegenüber den Menschen in meiner Umgebung, die mich nötig haben."

Paul Deitenbeck

So lässt Gott auch mich immer wieder die Erfahrung machen: „Gott füllt immer wieder auf!"

Von Herbst 1988 bis 16. Februar 1989 entstand ein weiteres Gedicht, eigentlich immer dann, wenn die Tage am allerschwersten waren.

Jesus und mein Ich

Wenn meine Wege ganz gerade verlaufen
ich mir nach Wunsch alle Dinge kann kaufen,
es dreht sich einfach alles um mich:
Jesus, das ist ein Leben, dann brauch ich Dich nicht.

Dann hab ich so mit mir selber zu tun,
brauche nicht bittend bei Dir zu ruh'n.
Ob so eines Christen Weg aussehen soll?
Nein, Jesus, Dein Weg war dornenvoll.

Du hast den unebenen Weg genommen,
hast Hohn und Spott, hast Schläge bekommen.
Alles das hast Du für mich getan,
auf Dich genommen das Kreuz von Golgatha.

Nur um Menschen mit Gott zu versöhnen,
hast Du Dich lassen so schrecklich verhöhnen,
starbest am Kreuz für unsere Sünden,
damit wir sollen Ruhe und Frieden finden.

Ach, wie sind wir doch leidensscheu,
sind im Vertrauen Dir oft nicht treu.
Du musst uns erst vollkommen zerbrechen,
dann kannst Du besser zu uns sprechen.

So hören wir endlich und fragen nach Dir:
Herr, was ist *Dein Wille* mit mir?
Was ist der Sinn meines Lebens auf Erden?
Dir gehorsam zu sein und Dir Ehre zu geben.

Aber aus eigener Kraft kann ich's nicht;
nur wenn Dein Heiliger Geist zu mir spricht,
erkenne ich langsam den nächsten Schritt.
Jesus, es ist gut, denn Du gehst ja mit.

So wächst aus meinem schmerzhaften Zerbruch,
Heiland, wie beim Weizenkorn sterbend die Frucht.
Nimm hin mein Leben, mein völliges Sein,
mein ganzes Ich will ich Dir weih'n.

Nur so kannst Du mein Leben leiten
und mich für Dich ganz zubereiten.
Durch meine Schwachheit wirkst Du stark,
gibst Licht und Kraft für jeden Tag.

Dir gebührt Ehre, Lob und Preis immerzu,
dass ich vertrauensvoll still in Dir ruh'
und weiß, Du führst mich immer auf rechten Wegen,
bin ich Dir gehorsam, dann wirst Du mich segnen.

Du bist ein großer, weiser, gnädiger Gott,
mein Helfer in Nöten, mein steter Hort.
Du gingst voran und brichst für mich Bahn
Und bringst mich endlich an *Deinem Ziel* an.

Wenn erneut Schmerzphasen kommen, kann ich das nicht gleich annehmen. Es dauert manchmal mehrere Tage, bis ich ein Ja dazu finde. Wie es dann innerlich bei mir aussieht, beschreibt folgendes Gedicht – genau ein Sechs-Tage-Erleben.

Von der Klage zum Lobpreis

Ach Vater, seufz' ich, wenn der Weg zu schwer,
wenn Leiden und Schmerzen zehren so sehr.
Ach Vater, wenn's dunkel und stürmet um mich
Glaub mir, Herr, dann seh' ich Dich nicht!

Du Vater, verheißest mir nahe zu sein,
wenn ich denke, ich bin so allein.

Du Vater, umschließt mich mit Deiner Hand,
schon bevor ich als Kind zu Dir fand.

Oh Vater, Dir auch in Schmerzen vertrauen
heißt, dich ehren und an dich glauben.

Ja, Vater, sag' ich jetzt schon statt klagen,
Dein Plan ist gut an allen Tagen.

Ja, Vater, nimm mich mit meiner Angst an die
Hand,
Du führst mich durch dieses Erdenland.

Mein Vater schaut auf mich, vergisst mich nicht.
Das lässt wieder hoffen, verzagen nicht.

Mein Vater, diese Worte bedeuten alles für mich,
zuerst will ich mich stets wenden an Dich!

Liebster Vater, das bist Du mir geworden
an jedem Tag vom Abend bis zum Morgen.

Liebster Vater, bis ich von hier
    einmal muss scheiden,
sollst Du Anfang und Ende bleiben!

An einem Tag im Januar 2001 wurde mir ein kurzer Text,
den ich mir irgendwann aufgeschrieben hatte, ganz wichtig und praktisch:

„Vergiss es nicht, dass du in deiner gegenwärtigen Lage eine Aufgabe hast. Ist nicht oft der Dienst, der in der Trübsalszeit verrichtet wird, besonders gesegnet? Trauere nicht über das, was du verloren hast, sondern versuche, in deinem gegenwärtigen Verhältnis anderen ein Segen zu sein."

Und das schenkte mir Gott tatsächlich hautnah immer wieder.

Edith Mahlke-Bleck

Schatzsuche mit Jesus

Die Schatzsuchen meiner Kindheit sind mir sehr positiv in Erinnerung. Ich kann mich entsinnen, wie man erst einen verschlüsselten Lageplan in den Händen hielt und sich durch Raffinesse und Überwinden von Hindernissen dann langsam aber sicher dem Schatz näherte und ihn am Ende glücklich in den Händen hielt. Meist war Schokolade die gebührende Belohnung für unseren Enthusiasmus und unsere Kraftanstrengung.

Obwohl diese Zeit noch nicht allzu lange hinter mir liegt und ich gerade erst (2013) das zwanzigste Lebensjahr erreiche, löste der Gedanke an eine geplante Schatzsuche in mir bis vor Kurzem noch ein Gefühl der Panik aus. Statt mich ins Abenteuer zu stürzen, hätte ich mich lieber verkrochen und freiwillig auf den Preis verzichtet. Das lag keineswegs daran, dass ich bei einem meiner vergangenen Schatzsuchen vom Baum gefallen oder fast ertrunken wäre und auch nicht daran, dass der Schatz nicht gerecht geteilt worden wäre. Nein, der Grund war, dass es sich um eine völlig neue Form der Suche und eine ganz andere Art von Schatz handeln sollte, als ich es bisher gewohnt war.

Ich befand mich mit einem Team von sieben jungen Erwachsenen in Cusco, einer Stadt in den Anden von Peru in Südamerika. Wir alle gehörten zu der christlichen Organisation *Jugend mit einer Mission*[1] und hatten uns

---

1 International auch *Youth with a Mission*, gegründet von Loren Cunningham.

Monate zuvor in Australien kennengelernt, wo wir zusammen einen Jüngerschaftskurs absolvierten. Ganz nach dem Motto der Organisation „Gott kennen lernen und ihn bekannt machen" wurden wir zu Beginn theoretisch unterrichtet und lernten in einer Art Bibelkurs viel über Gottes Liebe zu seinen Kindern. Im Anschluss an diese drei Monate folgte ein Missionseinsatz, in dem es darum gehen sollte, das Gelernte an andere weiterzugeben und Menschen Gottes Liebe entgegenzubringen. Mit meinem Team reiste ich also von Australien nach Peru. Südamerika hatte mich immer schon fasziniert, sodass ich mich sehr auf Land und Leute freute und einer erlebnisreichen Zeit entgegensah. Gleichzeitig wusste ich, dass es eine große Herausforderung für mich sein würde: Immerhin handelte es sich für mich um meinen allerersten Missionseinsatz in einem mir bis dahin unbekannten Land. Trotz hilfreicher Tipps, wie man eine Predigt formuliert und sie in einer Gemeinde hält, Tipps für die Straßenevangelisation und Vorbereitung auf eine uns unbekannte Kultur fühlte ich mich persönlich immer noch nicht ausreichend gewappnet. Zum einen sprach ich kein Wort Spanisch, zum anderen hatte ich nicht viel Selbstbewusstsein und mein Gottvertrauen schwankte auch erschreckend – je nachdem, wie meine Umstände gerade waren. Einen guten Tag sah ich dankbar als Gottes Geschenk an, doch die kleinste Unsicherheit oder Laune brachte mich aus dem geistlichen Gleichgewicht. Ich fing an, alles bisher Geglaubte anzuzweifeln und mich von einer panischen Angst zermürben zu lassen. Der Vers aus Josua 1,9, der mich durch die gesamte Zeit der Bibelschule begleitet hatte, ermutigte mich in solchen Situationen dann immer sehr: „Sei stark und mutig und fürchte dich nicht! Denn ich, dein Gott, bin mit dir, wohin du auch gehst" (GNB). Schnell hatte ich begriffen, dass der Mut und die Stärke unmöglich aus mir selbst heraus entstehen konnten und ich mich unbedingt auf Gott verlassen musste, der mir treuer zur Seite stand als ich mir selbst.

Nachdem wir unseren Jetlag ausgeschlafen und ein paar Eingewöhnungstage in Cusco verbracht hatten, begann unser Missionseinsatz Gestalt anzunehmen. Ein Gebetstreffen für die Stadt, Lobpreis-Stunden in unserem Team und ein paar Dokumentarfilme über Evangelisationseinsätze waren die Vorbereitung auf das, was wir bei unserem siebenwöchigen Aufenthalt nun regelmäßig tun würden: auf Schatzsuche gehen. Kevin Dedmon, Pastor der Bethel Church in Redding, Kalifornien (USA) und Begründer dieser etwas anderen Art von Schatzsuche, beschreibt seine Idee folgendermaßen:

„Bei der Schatzsuche geht es um übernatürliche Evangelisation. Es ist Gottes Absicht, dass wir durch übernatürliche Begegnungen die Menschen antreffen, die *er* für ein göttliches Rendezvous vorbereitet hat. Der Heilige Geist wird uns genau zu diesen Personen führen, um sie die Wahrheit von Jesus Christus erkennen zu lassen."

Damit die Schatzsucher diese Personen antreffen, zeigt Gott ihnen im Vorhinein im Gebet verschiedene (visuelle) Merkmale, die auf den „Schatz" zutreffen, so beispielsweise die Farbe eines Kleidungsstücks, eine spezielle Tätigkeit oder sogar einen Namen. Die „Schatzkarte" zeichnet Gott, indem er den Betern durch innerliche Eindrücke Orte und Zeitpunkte zeigt.

Nach diesem Vorbild wollten wir in Cusco auf Menschen treffen. Bevor wir Gott um die Eindrücke baten, richteten wir uns in einer intensiven Lobpreiszeit bewusst auf Gott aus. Der Heilige Geist sollte ungehindert Raum in unserem Herz einnehmen dürfen und zu uns sprechen. Nach einer Zeit des Hörens auf den Heiligen Geist sollten wir dann einander von unseren Eindrücken erzählen. Ich war anfangs sehr skeptisch, da ich mir vorstellte, alle würden von Gott etwas gesagt bekommen außer mir. Ich konnte mir zudem nicht vorstellen, wie das Ganze überhaupt „funktionieren" sollte und zweifelte an der Ausführung, zumal ich, wie gesagt, schon bei der grundlegendsten Kommunikation mit einem Spanisch sprechenden Peruaner hätte kapitulieren müssen. Gottes Größe begrenzte ich in diesem Moment auf meine eigenen Vorstellungen und ließ meiner Angst freien Lauf.

Die Eindrücke, die ich letztendlich doch glaubte bekommen zu haben, schienen mir recht trivial und von meinem eigenen Gehirn erdacht zu sein. Es handelte sich um das Bild eines gebrechlichen alten Mannes mit starkem Husten, um eine Mutter in einem roten Rock mit jeweils einem Kind an jeder Hand und eine andere peruanische Frau mit drei geflochtenen Zöpfen. (Dazu sollte ich erklären, dass dies keine für Peruanerinnen typische Frisur ist, da diese gewöhnlich nur einen oder zwei geflochtene Zöpfe tragen.) In dem anschließenden Austausch mit den anderen war ich die Einzige mit diesen „Bildern"; die Eindrücke meiner Teamkollegen schienen sich jeweils zu bestätigen oder zu ergänzen – so, wie sich die einzelnen Hinweise bei einer Schatzsuche aufeinander beziehen und aufbauen. Wir hatten den Eindruck, dass Gott uns in die Stadtmitte schicken wollte, sodass wir mit dem Bus zur Plaza de Armas aufbrachen. Dort angekommen, teilten wir uns in Zweier- und Dreiergruppen auf und zerstreuten uns in alle Richtungen, um auf die Suche zu gehen.

Ich war mit noch zwei anderen unterwegs. Bevor wir uns auf die Suche begaben, stellten wir uns auf der Plaza de Armas erneut zum Gebet zusammen und baten Gott um Führung. Kaum hatten wir „Amen" gesagt, sprach uns ein junger Peruaner auf Englisch an und drückte uns einen Werbezettel für ein nahegelegenes Museum in die Hand. Wir beachteten weniger den Zettel als vielmehr den Peruaner! Ermutigt durch die englische Sprache fingen wir an, uns mit ihm zu unterhalten. Recht schnell erfuhren wir, dass Pablo ebenfalls Christ ist. Die Freude darüber war groß, sicherlich hatte auch er nicht damit gerechnet, gleich auf drei Christen zu stoßen und auf offener Straße mit ihnen zu beten. Ich merkte, wie ich mich innerlich entspannte und die neue Situation einfach genoss. Es ging hier erst einmal nicht darum, jemandem von Jesus zu erzählen, sondern den gleichen Glauben zu teilen und die Gemeinschaft zu genießen, und das in einer verständlichen Sprache. Unser neuer Freund war sehr herzlich und lud uns zum Essen ein, sodass wir so auch noch peruanische Leckereien kennenlernten. Unsere Evangelisationszeit war schon fast zu Ende, als wir uns voneinander verabschiedeten. Wir drei machten uns auf den Weg zum verabredeten Treffpunkt, um uns mit dem Rest des Teams zu treffen. Während mir noch die vergangenen Minuten durch den Kopf gingen, musste ich plötzlich wieder an mein Bild von der Frau mit den drei Zöpfen denken. Intuitiv bat ich Gott, auch die restlichen Minuten unserer Evangelisationszeit noch zu nutzen und zu segnen, ohne zu wissen, dass meine nächste Begegnung unmittelbar bevorstand. Wir hatten den Treffpunkt schon fast erreicht, als ich aus dem Augenwinkel eine Frau wahrnahm, deren Frisur anders als die der anderen Peruanerinnen aussah: Sie hatte drei geflochtene Zöpfe! Ich wusste sofort: Diese Frau musste ich ansprechen. Mit meinen vorher auswendig gelernten drei Brocken Spanisch versuchte ich also, ein Gespräch zu beginnen, ohne zu wissen, was ich nach dieser Einleitung sagen oder machen würde. Zu meinem großen Erstaunen wechselte die Peruanerin nach einem Augenblick die Sprache und beantwortete meine Frage auf Deutsch! Ich glaube, wir waren beide gleichermaßen erstaunt, uns auf Deutsch nun problemlos unterhalten zu können. Die Peruanerin Marta wohnte, so erzählte sie mir, bereits seit dreißig Jahren in Deutschland und kam jedes Jahr für ein paar Monate in ihre Heimat, um ihre Familie zu besuchen. Ausgerechnet zu der Zeit unseres Missionsaufenthaltes und ausgerechnet an diesem Schatzsuchetag war Marta in Cusco unterwegs, sodass ich sie antreffen konnte. All das hatte Gott im Vorhinein natürlich gewusst und mich Schritt für Schritt zum Ziel, zu Marta, gebracht, ohne dass ich es bewusst gemerkt hatte. Nach ein wenig Smalltalk fragte mich meine Gesprächspartnerin auch, warum ich ausgerechnet sie unter all den anderen Passanten angesprochen hatte und ich erzählte ihr direkt von dem Bild, das ich Stunden zuvor im Gebet gesehen hatte. Sie war sichtlich gerührt. Nach und nach erzählte sie mir von sich und ich hatte die Gelegenheit, ihr von Jesus und seiner Liebe zu ihr zu berichten. Am Ende war sie damit einverstanden, dass ich auf offener Straße für sie betete, und bat mich, mit meinem Team auch weiterhin für sie zu beten. Sie gab mir ihre Kontaktdaten in Cusco und lud mich herzlich ein, sie in den nächsten Wochen einmal zu besuchen. Was für eine Einladung! Was für neue Perspektiven! Und wie unheimlich glücklich und dankbar ich war! Gott hatte mich benutzt, um jemandem von ihm zu erzählen, und das, obwohl ich mich nicht fähig dazu gefühlt hatte und mich am liebsten vor der Schatzsuche versteckt hätte! Dass Gott mir in meiner Stillen Zeit heute Morgen erst Folgendes versprochen hatte, hatte ich schon wieder völlig vergessen: „Hab keine Angst vor Menschen, denn ich bin bei dir und schütze dich. Das sage ich, der Herr. (…) Ich lege meine Worte in deinen Mund" (Jeremia 1,8–9, GNB). Und wie großartig hatte Gott sein Versprechen eingehalten und das, obwohl mein Vertrauen winzig und meine Angst riesig gewesen war!

In den folgenden Wochen besuchte ich Marta tatsächlich einige Male und hatte so immer wieder die Möglichkeit, ihr von Jesus zu erzählen und für sie zu beten. Auch andere Menschen aus ihrem Umfeld lernte ich kennen; Marta erzählte ihnen sicherlich von unserem göttlichen Zusammentreffen.

Mit meinem Team gingen wir immer wieder auf Schatzsuche, und mal war ich mehr, mal weniger „erfolgreich". Gott zeigte mir immer andere Facetten seiner Führung, sodass ich lernte, ihn nicht auf eine bestimmte „Methode" einzugrenzen und so selbst festgefahren zu werden. So, wie Menschen sehr individuell sind, so ist auch Gottes Annäherung an sie ganz individuell. Uns „Schatzsucher" gebrauchte er deshalb auch auf ganz unterschiedliche Art und Weise. Einmal „suchten" wir sogar im Frauengefängnis von Cusco und durften einer der Insassinnen Gottes Liebe weitergeben. Wir hatten, ohne es zuvor zu wissen, ihren Lieblingskuchen mitgebracht – ein kleiner Hinweis vom Heiligen Geist, dass wir die „richtige" Person gefunden hatten. Wir verbrachten eine gute Zeit miteinander und sie war sehr offen für Gottes Liebe.

Eine gelungene Schatzsuche als „Erfolgserlebnis" zu bezeichnen, ist eigentlich nicht ganz richtig. Ein Erfolgserlebnis tritt nämlich dann ein, wenn man einem logisch nachvollziehbares Konzept entsprechend einzelne Schritte absolviert und zu einem befriedigenden Resultat gelangt. Gottes Handeln auf rein logischer Ebene verstehen zu wollen, heißt, den Heiligen Geist einzuschränken und ihn nicht da „wehen" zu lassen, wo er will. Und obwohl die Schatzsuche mit einem (Lage-)Plan beginnt und mit dem Schatz endet, sind die Schritte dazwischen doch sehr frei, sodass man sich auf die leisen Anweisungen von Gottes Geist einlassen muss. Wie die jeweilige „gefundene" Person mit der Nachricht von Gottes Liebe umgehen wird, steht außerhalb unseres Einflussbereiches. Wir hatten uns lediglich dazu bereiterklärt, die Schätze zu suchen; Gott ließ sie uns finden.

Wir vertrauten Gott, dass er, der alle seine Schätze viel besser kennt als wir, sich ihnen persönlich vorstellen und offenbaren und das von uns Gesagte in den Herzen der Menschen bewegen würde. Es hatte demnach weniger Bedeutung für mich persönlich, ob ich nun bei den darauffolgenden Schatzsuchen in Cusco ähnlich begeisterte Menschen antraf wie Marta oder auf Ablehnung stieß. Letztendlich ging es ja nicht um meine Person, also auch nicht um meinen/unseren Erfolg oder Misserfolg. Es ging um Gott, der sich durch uns einem weiteren seiner wertvollen Schätze gezeigt hatte.

Im Rückblick muss ich sagen, dass die Herausforderungen meines ersten Missionseinsatzes in Cusco mich sehr bereichert haben. Gott hielt sein Versprechen: Er gab mir immer Mut für Neues und die Kraft, ihm mehr zu vertrauen als meiner Angst nachzugeben. Ich bin unglaublich dankbar, dass diese Erlebnisse mit Gott in meinem Herzen den Platz, den zuvor die Angst blockiert hatte, eingenommen haben. Ich kann mich an keine einzige Sekunde erinnern, in der Gott nicht bei mir war. Der Vers aus Josua 1,9 gilt für mich auch jetzt, nach meiner Zeit in Cusco und Australien, und wird mir immer wieder eine Ermutigung sein.

Natürlich bin ich immer noch aufgeregt, wenn es wieder Zeit für eine Schatzsuche wird, aber mittlerweile habe ich wieder Kinderaugen dafür bekommen. Gott hat den ganzen Plan ja bereits durchdacht und vorbereitet. Ich mache einfach mit und lerne ihn und seine Schätze dadurch immer besser kennen.

Elisabeth von Hausen

Abendmahl

Erntedankfest (5. Oktober 2014)

Vor einigen Monaten beschloss unsere Gemeinde, dass, wenn ältere Menschen durch Krankheit nicht mehr am Abendmahlsgottesdienst teilnehmen können, auf Wunsch zwei Älteste ihnen das Mahl auch in ihrem Zuhause, in ihrer vertrauten Umgebung geben würden. Wie oft konnte ich selbst, durch Schmerzen verhindert, nicht an Abendmahlsfeiern teilnehmen. So freute ich mich sehr, dass es wohl diesen Sonntag in der Gemeinde klappen würde. Ich wollte einfach „durchhalten". Doch noch ehe die Feier begann, musste ich mit meinem Mann wegen großer Schmerzen heimfahren. Natürlich war ich enttäuscht und traurig. Ich sah diese Situation wieder einmal als ein klares Minus an. Allerdings rechnete ich nicht mit Gottes Eingreifen, damit, dass er durch sein Handeln ein Minus durchkreuzen und daraus ein Plus machen kann:

Am folgenden Tag rief ich eine liebe Bekannte an. Sie war früher Religionslehrerin und hatte vor zwei Jahren einen schweren, unverschuldeten Autounfall. Beim Zusammenstoß platzte der Airbag und ihre beiden Trommelfelle trugen Verletzungen davon. So berichtete sie mir auch, dass sie wegen dieser Hörschäden an keinem Gottesdienst mit Orgel, Klavier oder Gesang mehr teilnehmen kann. Ich erzählte ihr, dass ich selbst schon seit vielen Jahren unter großen Einschränkungen leben muss. Es sollte ein kleiner Trost für sie sein, dass ich am 5. Oktober nicht am Abendmahl teilnehmen konnte. Meine Bekannte fragte daraufhin nach: „Sie konnten das Abendmahl also nicht in Ihrer Gemeinde nehmen?" „Nein", war meine Antwort. „Ich werde es mir dann einmal zu Hause geben lassen." Da hörte ich von ihr: „Frau Mahlke, wissen Sie, dass ich schon seit zwei Jahren darum bete, irgendwo und irgendwie ‚privat' das Abendmahl feiern zu können? Könnte ich dazu zu Ihnen kommen, wenn Ihre Ältesten aus der Gemeinde das Mahl bei Ihnen austeilen? Ich würde so gern daran teilnehmen."

Gott hatte nicht nur mein Gebet erhört, sondern auch das meiner Bekannten!

Edith Mahlke-Bleck

Das Mögliche erwarten, das Unmögliche erhalten

Immer wieder staune ich, wie Gott Dinge, Menschen, Situationen, Zeitpläne und noch viel mehr in seinen unergründlichen Plan einwebt. Heute sehe ich einen Bruchteil davon, aber wie werden wir wohl staunen, wenn wir Teil dieses wunderbaren Plans sein durften!

Unsere jüngste Tochter kam eines Tages mit strahlenden Augen von einer Jugendfreizeit zurück. Das Geheimnis war schnell gelüftet – eine Freundschaft zu einem jungen Mann hatte sich angebahnt. Und wie das so ist, bleibt das natürlich nicht verborgen: Glück sucht Mitteilung und Anteilnahme. Bald schon ging der junge Mann ein und aus bei uns und wir lernten ihn, seine Geschwister und später auch seinen Vater kennen.

Der Vater lebte mit seinen drei Teenagern allein, und wer Teenager kennt, kann sich wohl vorstellen, wie man sich so durch die Tage kämpft. Nach einiger Zeit hatten wir auch Freundschaft mit dem Vater geschlossen und trafen uns hin und wieder, um uns gegenseitig zu ermutigen, die Höhen und Tiefen unserer Kinder zu verstehen.

Doch was war mit der Mutter, oder vielmehr: Wo war die Mutter? Offensichtlich fehlte sie und wurde auf unterschiedlichste Art von der Familie vermisst. Da wir nun Freunde geworden waren, war auch ihr offensichtliches Leiden ein Leiden, das uns berührte. Die Hintergründe, wieso die Mutter die Familie verlassen hatte, waren nicht so wichtig wie die spürbare Leere, die sie hinterlassen hatte. Da war nicht nur Trauer. Da war Zorn, Wut, Enttäuschung und Schmerz. Manchmal war der Schmerz fühlbar und fast greifbar. Wir haben zusammen gebetet und wir haben für die Familie gebetet. Doch wofür sollten wir beten? Offensichtlich gab es keine Brücke.

Irgendwann übermannte mich der Eindruck, wie ich mich fühlen würde, wenn ich an Stelle der Mutter wäre und keinen Kontakt zu meinen Kindern hätte. Meine Gedanken kreisten darum, dass ich als Mutter gern Anteil daran hätte, welchen Berufsweg meine Kinder wählen, mit wem sie befreundet sind, was sie bewegt und wie sie wohl so ohne Mutter zurechtkämen.

Aus diesem Impuls heraus nahm ich das Telefonbuch und recherchierte die Adresse der Mutter. Dann lag die Adresse noch einige Zeit bei mir auf dem Schreibtisch – sollte und durfte ich mich da einmischen und Kontakt aufnehmen? Also habe ich dafür gebetet. Dann habe ich ein Bild von unserer Tochter mit ihrem Sohn in einen Briefumschlag gesteckt und einen kleinen Gruß von mir dazugelegt. Dieser Gruß beinhaltete auch meine Adresse und die Möglichkeit zur Kontaktaufnahme. Was daraus werden sollte, hatte ich weder vorher noch nachher im Blick und auch nicht in der Hand.

Als der Briefumschlag eingeworfen war, hatte ich Frieden darüber. Es dauerte etwas, aber nach einiger Zeit nahm die Mutter – ich nenne sie hier „Petra", obwohl sie natürlich anders heißt – Kontakt zu mir auf. Wir trafen uns heimlich, das heißt, ihr Mann und ihre Familie wussten nicht, dass wir uns trafen. Wir wählten einen Ort, an dem uns niemand kannte. Von ihrer Familie wusste ich, dass Petra früher einmal zu einer Gemeinde gehört und sich für Jesus entschieden hatte. Doch nun wollte sie erst einmal nichts von Jesus hören.

Ich wusste absolut nicht, was ich mit Petra besprechen sollte. Ich bat Jesus, mir aufrichtige Anteilnahme zu schenken und mich aufmerksam zu machen, was jetzt dran ist. Petra erzählte mir die Dinge, die sie wohl erzählen wollte. Es gab keine Rechtfertigung, eher eine Zusammenfassung von Bruchstücken und Anteilnahme an ihrer Familie.

Von da an habe ich Petra und ihre Familie auf mein „Herz" genommen. Ihr Mann „Gerhard" hatte Vertrauen zu uns gefasst, und so gab es manche seelsorgerlichen Gespräche. Manchmal kam ich mir wie eine Doppelagentin vor. Ich traf mich hin und wieder mit Petra, und mit Gerhard trafen wir uns auch.

Nach einer Weile lud ich Petra zu einigen Frauenfrühstückstreffen ein, und zu meiner Überraschung und Freude ließ sie sich einladen. Einmal hatte ich ganz vergessen, dass ich sie eingeladen hatte. Sie war dort und ich nicht. Da rief sie mich sogar aus Sorge an, ob es mir gut ginge!

Zu dieser Situation an den beiden „Fronten" kam noch eine Krisensituation in unserer Heimatgemeinde, die dazu führte, dass wir unsere Gemeinde wechselten und einen neuen Gemeindeheimatort finden wollten.

Es stellte sich heraus, dass sich diese Gemeinde an einem Ort befand, der für Petra verkehrsgünstig gelegen war. Also lud ich sie dorthin ein. Niemand kannte sie und niemand kannte mich. Hier konnten wir unbelastet ankommen. Wenn man Gottes Wort hört, dann besteht potenziell immer die Möglichkeit, dass Gott am Wirken ist, dass er seinen Heiligen Geist aussendet und man persönlich angesprochen wird.

So war es auch hier. Petra kam regelmäßig zum Gottesdienst und leise, fast unmerklich, begann Gott zu wirken. Sein Wort rührte sie an. Manchmal weinte sie und sie fand keine Worte dafür. Aber sie ließ sich trösten. Das ging einige Wochen so. Dann, in einem Gottesdienst, in dem es um Gottes Liebe ging, die jedem gilt, egal, wie und wer man war und was man getan oder nicht getan hatte, konnte Petra diese Liebe spüren. Sie konnte sie sogar körperlich fühlen, erzählte Petra. Sie war gemeint und sie nahm erneut Jesus und sein Angebot an. Ihre Freude war nicht zu übersehen. Das war ein toller Augenblick. Auch ich war überwältigt, was Gott alles tut. Er lockerte die Verhärtungen in Petras Herz, sodass Gottes Wort in sie hineinsickern konnte. Mit dieser Entscheidung und Erneuerung ihres Glaubens waren die Probleme natürlich nicht spurlos verschwunden. Sie war immer noch getrennt von ihrer Familie und sie erkannte ihren Teil der Schuld. Sie wollte unbedingt um Vergebung bitten und sie wollte ihrer Familie auch mitteilen, dass sie Jesus neu in ihr Leben aufgenommen hatte.

Mit dem Pastor als Mittler begann dann auch dieser schwere Weg. Von meinem Projekt „Doppelagentin" wusste Gerhard ja noch nichts. Für unsere Freundschaft war das eine Zerreißprobe, denn nun wurde offenbar, dass ich Kontakt zu beiden hatte.

Auch dafür hatte sich Gott einen Weg ausgedacht, den ich nicht für möglich gehalten hätte. Kurz nach dieser Enthüllung stellten die Ärzte im Rahmen einer Routineuntersuchung bei mir Krebs fest. Da gab es nicht viel zu überlegen und zu diskutieren. Ich musste mich einer großen Operation unterziehen – und damit war ich aus dem Verkehr gezogen.

Was macht Freundschaft aus? Freunde nehmen Anteil und Freunde vergeben. Noch im Krankenhaus klopfte es eines Tages an meine Tür und ich traute meinen Augen nicht: Gerhard kam durch die Tür und Petra folgte ihm. Sie wollten mir beide eine Freude machen, mich aufmuntern, und sie erzählten mir auch, dass sie sich ausgesprochen hatten.

Es hat noch eine ganze Weile gedauert, bis Gerhard und Petra neues Vertrauen aufbauen und sich wieder eine gemeinsame Zukunft vorstellen konnten. Eine Trennungszeit von mehreren Jahren lässt sich nicht einfach wegwischen. Aber mit Jesus in der Mitte und im Vertrauen auf ihn gibt es immer einen Weg. Beide sind heute in einer Gemeinde verankert, und beide hätten es im Rückblick nicht für möglich gehalten, dass Gott ihr Leben neu und besser machen kann.

Für mich ist es ein Wunder. Etwas, das man, auch mit größter Anstrengung, nicht selbst machen kann. Doch wenn man sich Gott zur Verfügung stellt und Bitten ausspricht, dann darf man sich auch wundern über das, was er tut. Übrigens ist es gefährlich, wenn man sich unter Gottes Wort stellt: Es lebt nämlich, es wirkt und es verändert.

Wie gern möchte ich diesen Plan Gottes öfter erleben, eine Rolle darin spielen und staunen!

Heike Röger

Der Mann meines Lebens

Mir fiel es früher nicht leicht, Nähe von anderen Menschen zuzulassen. Trotzdem hatte ich als junge Frau den Wunsch nach einem Lebenspartner. Es gab einige Versuche, Beziehungen zu gestalten, die aber nicht lange hielten. Eine Freundin meinte schon, ich würde mir immer die Männer aussuchen, mit denen es sowieso nichts werden würde, damit ich Distanz wahren konnte.

Ich entschloss mich, an meinem Problem zu arbeiten; außerdem brachte ich auch meinen Wunsch regelmäßig mit meiner Mutter vor Gott. Eine christliche Therapeutin übte mit mir Beziehungsgestaltung und Angstabbau: „Du musst immer so entspannt lächeln, als ob du deine Lieblingsschokolade im Mund hast!", sagte sie. Und natürlich hatte sie auch weitere wichtige Ansätze mit mir zu besprechen.

Dann meldete ich mich zu einer christlichen Wochenend-Tagung zum Thema „Single und Sexualität" an. Als ich vorher hörte, dass 125 Frauen und 25 Männer teilnehmen werden, wollte ich mich wieder abmelden, weil es mir unmöglich schien, mit solch einer großen Gruppe intime Dinge zu teilen. Meine Freundin meinte aber nur: „Du fährst!"

Es wurden schöne Tage mit guten Vorträgen, Anbetungszeiten und Spaziergängen. Es gab Gruppengespräche und interessante Gespräche am Rande, weil man sich natürlich von Frau zu Frau viel zu sagen hatte. Die 25 Männer waren gar nicht richtig wahrnehmbar.

Exakt 33 Minuten vor meiner Abfahrt erschien aber der Mann meines Lebens auf einer Wiese und sprach mich an! Ein paar Minuten später gab es Mittagessen und wir verloren uns im gut besetzten Speisesaal wieder aus den Augen. Ich landete auf einem der wenigen freien Plätze an einem Tisch mit sechs Plätzen, an dem aber, da dort viele Serviertöpfe standen, noch genau ein Platz frei geblieben war. Nun entdeckte ich meinen späteren Mann wieder und konnte ihn neben mich lotsen.

Viel Zeit zum Kennenlernen blieb uns nicht, da ich zum Bahnhof musste. Wir haben dann viel telefoniert, da wir in verschiedenen Bundesländern wohnten.

So wuchs unsere Vertrautheit auf eine Art, die ich als angenehm empfand und steuern konnte. Meine lieben Nachbarn, die schon über 50 Jahre Eheerfahrung hatten, waren mir dabei eine große Hilfe als Zuhörer und Berater zu den neuesten Verläufen unserer Beziehung.

Inzwischen bin ich etliche Jahre verheiratet. Mein anfangs erwähntes Problem hat natürlich tiefere Ursachen, die durch Verletzungen und Problemen in der Kindheit entstanden sind. An meinem Selbstwertgefühl muss ich immer noch arbeiten. Aber mit Jesus als Freund und Tröster habe ich einen Rückhalt gefunden, mit dem ich jeden Tag neu beginne.

Und ich glaube: Bei denen, die Gott lieben, wirkt Gott alles zum Guten! (Nachzulesen in Römer 8,28.)

D. H.

Teil 3:
Mit Leib und Seele

*Glaube ist nicht reine „Kopfsache", auch nicht reine „Herzenssache". Gott hat uns als „komplette" Menschen erschaffen, nicht als körperlose Seelen. Doch wir leben in einer Zwischenzeit: Wir sind **nicht mehr** im Paradies und **noch nicht** im Himmel, und so gehören Krankheiten und körperliche Begrenzungen zu unserem Leben dazu.*

Niemand weiß so gut, was wir brauchen, wie der Gott, der uns erschaffen hat, und darum kann niemand uns so gut helfen wie er. Er möchte, dass unser Leben rundum gelingt. Unsere Begrenzungen sind dabei für ihn kein Hindernis …

Ich kann nicht tiefer fallen
als in Gottes Hand

Gläubig sein heißt auch annehmen. An Jesus ging der Kelch nicht vorbei. Er starb für uns. Er starb auch für mich.

Im Februar letzten Jahres wurde bei mir eine schwere Psychose diagnostiziert. Da wird dann auch hinterfragt, ob das im 66. Lebensjahr eine beginnende Altersdemenz ist. Wie geht es nun weiter? Ich bin in der glücklichen Lage, eine Ehefrau zu haben, die mich mit meinen Sorgen nicht allein lässt und mir auch in Glaubensfragen beratend zur Seite steht. In den fast neun Wochen meines Krankenhausaufenthaltes war sie fast täglich präsent.

Mitglieder der Gemeinde besuchten mich zu meinem 65. Geburtstag im Krankenhaus, viele Karten wurden für mich und uns geschrieben. Mir ist klar geworden: Ich kann nicht tiefer fallen als in Gottes Hand.

Für diese Erkenntnis bin ich unendlich dankbar.

Wolfgang Klatt

Wunder geschehen

Seit ich mit Jesus unterwegs bin, gab es immer wieder Ereignisse, die mich in Staunen versetzt haben, die ich als Wunder erlebt oder als Gebetserhörung erfahren habe.

Ein solches Erlebnis hatte ich zum Beispiel in der Schwangerschaft mit meiner Tochter. Ich war in der 36. Schwangerschaftswoche und sie lag immer noch mit dem Köpfchen nach oben, also in Steißlage. In dieser Phase ist ein Baby schon recht groß und hat kaum noch Platz für umfangreiche Bewegungen. Ich hatte mir eigentlich eine unkomplizierte Entbindung gewünscht, aber die Ärzte waren sich da nicht mehr so sicher. In unserem damaligen Hauskreis haben wir darüber gesprochen und konkret dafür gebetet, dass mein Baby seine Lage noch ändert. In der folgenden Nacht war es so unruhig, dass ich kaum schlafen konnte. Am nächsten Tag hatte ich einen Termin bei meiner Ärztin und sie teilte mir mit, dass das Baby nun mit dem Köpfchen nach unten liege. Das war für mich ein großartiges Wunder, eine direkte Gebetserhörung. Die Entbindung verlief wenig später ganz unkompliziert. Nach sechs Stunden saß ich schon wieder zu Hause auf dem Sofa und hielt mein kleines Mädchen im Arm.

Ein weiteres Erlebnis, von dem ich überzeugt bin, dass es ein Wunder war, hatten wir mit unserem Sohn. Als für ihn nach der 6. Klasse der Schulwechsel anstand, kam von der Schule seiner Wahl eine Absage – es gab weitaus mehr Bewerber als Plätze. Damals verhielt es sich so, dass betroffene Schüler einem anderen Gymnasium zugeteilt wurden, an dem es noch Plätze gab, ohne Rücksicht auf deren Wünsche. Der Grund dafür, dass nach Ablauf der Anmeldefristen an einer Schule noch Plätze frei sind, ist meist der, dass die Schule unbeliebt ist bzw. einen schlechten Ruf hat. In unserem Fall war es vor allem der Bezirk, der uns Sorgen machte, entsprechend auch der Ruf der Schule und die Tatsache, dass unser Sohn dort niemanden kannte. Er war todunglücklich mit dieser Entscheidung und darüber, dass er so machtlos dagegen zu sein schien. Als Mutter litt ich ebenfalls unter der Situation und setzte mich mit anderen Schulen in Verbindung, die für unseren Sohn noch eher vorstellbar waren. Da die Anmeldefristen aber längst abgelaufen waren, hieß es auch dort: „Keine Plätze mehr".

In dieser Welt laufen wir hin und wieder gegen Mauern, die wir aus eigener Kraft nicht durchbrechen können, und diese Situation stellte für uns eine solche Mauer dar. Ich war so gefangen in meinen Sorgen, dass ich Gott aus dem Blick verloren und vergessen hatte, ihn um Hilfe zu bitten. Aber während wir überlegten, was wir noch unternehmen könnten, erinnerten wir uns daran, dass Gott seinen Kindern versprochen hat, für sie zu sorgen. Von diesem Moment an überließen wir Gott die Angelegenheit. Wir lagen ihm in den Ohren, dass er das Beste aus dieser unglücklichen Situation machen sollte, wie auch immer es ausgehen würde. Wir beteten auch mit Freunden aus dem Hauskreis für eine gute Lösung und kamen darüber nun etwas zur Ruhe.

In jenem Sommer fuhr ich mit meiner Tochter zu einer Kur an die Ostsee und an einem sonnigen Nachmittag, als wir gerade etwas Freizeit hatten und an nichts Besonderes dachten, klingelte mein Handy. Es war mein Mann, der mir mitteilte, dass an der Schule, die ursprünglich unsere erste Wahl gewesen war, aufgrund der großen Nachfrage in dem Jahr eine weitere Klasse aufgemacht wurde. Das bedeutete, dass unser Sohn nach den Sommerferien dort zur Schule gehen konnte. Ich konnte kaum fassen, was ich da eben gehört hatte. Das war eine so gute Nachricht, und wir waren Gott unendlich dankbar! Wenn ich mich heute daran zurückerinnere, spüre ich immer noch die große Freude und Erleichterung, die mich damals erfüllte.

Im Laufe meines Lebens habe ich noch weitere kleine und große Wunder erlebt: wie sich zum Beispiel ein verlorener Gegenstand nach meinem Stoßgebet direkt wieder anfand. Zu diesen Wundern zählt auch, dass mein Vater nach einem Herzstillstand noch viele Jahre weiterlebte und wir noch viele schöne und lustige Momente mit ihm erleben konnten.

Das sind für mich Beispiele, die mich ermutigen, Gott in mein Leben – in Fragen, Entscheidungen, Sorgen und Freuden – einzubeziehen, so wie eine vertraute Person. Beispiele, die mir zeigen, dass es sich lohnt, Gott zu vertrauen. Das erfordert auch schon mal Geduld und Durchhaltevermögen, und das fällt mir nicht immer leicht. Gott antwortet nämlich nicht jedes Mal so direkt wie beispielsweise in der Geschichte mit meiner Tochter. Gottes Antworten stimmen vielleicht auch nicht immer mit dem überein, was ich mir vorgestellt habe, oder lassen länger auf sich warten, als ich glaube aushalten zu können. Ich werde Gott vielleicht auch nicht immer verstehen, aber er ist mein Vater im Himmel und vom Himmel aus hat er eine weite Sicht. Er sieht schon viel früher, was sich meinem Blick noch verschließt.

Ungeduld war und ist häufig ein Grund dafür, warum ich schnell in die Versuchung gerate, Gott einen Teil seiner Aufgaben abzunehmen. Das führte vor einigen Jahren dazu, dass ich mich krank, leer, kraft- und mutlos fühlte. In dieser Zeit begann ich langsam zu verstehen, dass es Freiheit bedeutet, wenn ich bereit bin loszulassen und Gott zu überlassen, was sich meinem Einfluss, meiner Kraft und Verantwortung entzieht. Es gelingt mir nicht immer, aber ich lerne, Kontrolle und Verantwortung an Gott abzugeben, wenn ich an Grenzen stoße. Das soll nicht heißen, dass ich von vornherein die Hände in den Schoß lege und Gott machen lasse. Doch nach einem guten Rat, den mir vor einigen Jahren einmal jemand gab, versuche ich das zu tun, was ich kann, und überlasse Gott den Rest. Und ich lerne, nicht nur das zu sehen, was ich in dieser Welt wahrnehme, sondern auf Gottes Möglichkeiten zu vertrauen, die weit über die Grenzen dieser Welt und mein Verstehen hinausgehen.

Am Ende ist es mir noch wichtig zu erwähnen, dass ich als Christ Wunder erwarten soll und darf – große und kleine –, aber ich sollte meinen Glauben und mein Vertrauen nicht davon abhängig machen. Wichtiger als einzelne Wunder ist die Tatsache, dass ich durch meinen Glauben immer unter dem Schutz des lebendigen Gottes lebe. Er hilft mir durch den Heiligen Geist, mein Leben

zu leben, in guten und weniger guten Phasen – vorausgesetzt, ich lasse es zu! Oft denke ich, ich wüsste ganz genau,
was ich brauche, damit es mir gut geht, aber Jesus kennt
mich besser. Er sieht weiter und will mir helfen, seinen
Blick für erfülltes Leben zu bekommen. Gottes Wort ist
ein Wegweiser dahin, das zu entdecken. Und ich glaube,
am meisten entdecke ich von Gottes Möglichkeiten, wenn
ich ihn immer besser kennenlerne, wenn ich ihm mehr
vertraue als meinen eigenen Möglichkeiten und meiner
begrenzten Sichtweise. Dann kann ich Überraschungen
und Wunder erleben.

Claudia Kittke

Teils wolkig – teils heiter

Helle Freude

An zwei Osterfeste in meinem Leben erinnere ich mich ganz besonders – eigentlich sind es sogar drei, aber davon später. Vor fast zwei Jahrzehnten starten wir schwungvoll ins neue Jahr: Zu Ostern wollen wir als Ehepaar das erste Mal ohne Kinder verreisen, in einem kleinen griechischen Reisebüro in unserer Nähe haben wir alles festgemacht. Kefalonia, die grüne Insel im Mittelmeer, erwartet uns. Voller Vorfreude schauen wir uns die selbst gewählte Reiseroute immer wieder auf der Landkarte an, blättern in den verheißungsvollen Prospekten. Ein kleines Hotel am Meer – traumhaft ... Was werden wir dort wohl alles erleben?!

Es wird dunkel

Strahlender Sonnenschein, draußen. Innen bei mir sieht es anders aus. Frühling, neues Leben, geschäftiges Treiben um mich herum, alles wie immer, alles, als ob nichts passiert wäre. „Das sieht aber gar nicht gut aus!" Das hätte der Arzt, der meine Röntgenaufnahme in den Händen hält, gar nicht auszusprechen brauchen; ich habe ihm schon angesehen, was er gleich sagen wird. Mich beschleicht ein ganz seltsames Gefühl – als ob die Zeit still steht. In vier Wochen wollten wir doch verreisen, alles hatten wir uns so schön ausgemalt, ich hatte mich so gefreut. Und nun? Ich muss zu einem Spezialisten, der mich noch gründlicher untersuchen soll.

Mechanisch nehme ich den Überweisungsschein an mich – eigentlich müsste ich zu Hause Bescheid sagen – das mache ich auch: „Ich komme heute etwas später, bis bald." *Wie komme ich von A nach B?* In meinem Kopf dreht sich alles. Ich funktioniere, aber mit einem Kloß im Hals und weichen Knien. In der U-Bahn komme ich ein wenig zum Nachdenken: *Gott, was mutest du mir da zu? Bin ich nicht immer brav zur Vorsorgeuntersuchung gegangen? Warum denn gerade jetzt? Warum ich, warum das, warum, warum, warum?* Nur nicht nachdenken, konzentrieren, aufpassen, dass ich an der richtigen Station aussteige.

Der Spezialist bestätigt den Anfangsverdacht: „Ja, das sieht böse aus. Ich operiere Sie, so schnell wie möglich! Gut, dass Sie die Brust selbst abgetastet haben." Na, etwas scheine ich wenigstens doch richtig gemacht zu haben. Der Termin für die Entnahme einer Gewebeprobe wird festgelegt und ein weiterer für die Operation an sich. Zuletzt wird mir noch Blut abgenommen und dann stehe ich wieder auf der Straße. *Komisch, es ist dunkel – war ich denn so lange unterwegs?* „Wenn ich auch gleich nichts fühle von deiner Macht – du bringst mich doch zum Ziele, auch durch die Nacht." Der bekannte Liedvers taucht kurz in meinen Gedanken auf und verschwindet wieder unter der bangen Frage: Wie bringe ich das nun meinen Lieben bei? Und: Ist das jetzt nur eine von vielen kleinen und großen Katastrophen in meinem Leben, oder ist es die letzte? Die U-Bahn trägt mich in einen dunklen Tunnel und ich sehe lange kein Licht am Ausgang.

Schatten und Lichtblicke

Strahlender Sonnenschein, dennoch Ostern, trotzdem Frühling und ich kann mich tatsächlich wieder ein klein wenig frühlingshaft freuen. Die Reise konnte storniert werden, die Reiserücktrittsversicherung hat die Kosten übernommen. Mein Vater im Himmel hat meiner Familie Kraft gegeben und sie getröstet. Er hat mir geholfen und mich auch verstanden, wenn ich gar nichts mehr sagen konnte. Er hat den Ärzten Weisheit gegeben, die Operation ist gut verlaufen. Ich bin ihm dankbar, dass ich kaum Schmerzen habe, dass alles restlos entfernt werden konnte, nicht allzu viele Lymphknoten befallen waren und die Brust erhalten werden konnte. Wie viele haben für mich gebetet – *Danke, Gott!*

Wie viel Liebe und Zuwendung, Trost und Hilfsangebote – *Danke, Gott!*

Zu Hause läuft alles reibungslos – alle helfen mit – wieder unendlich viel Grund zum Danken!

Dann folgt die Chemotherapie mit allen bekannten Begleiterscheinungen – aber ich bin Gott dankbar, dass wir unser Ferienhaus haben, wo ich mich verkriechen kann, wenn es allzu arg wird, und ich weiß: Irgendwann ist es überstanden! Ich bin dankbar für jede Blutentnahme, die kurz und schmerzlos verläuft, für jedes Mal, wenn für die Kanüle noch ein Plätzchen gefunden wird, für jede Aufmunterung und jedes nette Wort, jeden Beistand, jedes Lächeln, allen Zuspruch und jeden Trost, jedes Verständnis, alle liebe Post, jeden Anruf, jeden Gruß und vor allem die vielen Gebete! Und wie dankbar bin ich, als ich endlich wieder ohne Mühe eine Treppe hinaufsteigen kann! Über jeden kleinen Fortschritt freut man sich – sogar die Haare wachsen wieder – *Gott sei Dank!*

Gott ist bei mir, wenn ich nachts nicht schlafen kann und seltsame Gedanken kommen. Er ist bei mir, wenn manches doch noch nicht wieder so klappt, wie ich mir das wünsche, er lehrt mich, Geduld mit mir selber zu haben. Er ist auch noch bei mir, wenn alle den Bestrahlungsraum verlassen haben, im Dunkeln bei all den geheimnisvollen Geräten. Ein ganz sicherer, fester Halt ist er mir. So viele schlimme Schicksale begegnen einem, so viel Tragisches hört man im Laufe der Zeit. Aber ich kann mich immer wieder aufrichten an den Worten des Psalmdichters: „Der Herr ist mein Hirte… Auch wenn ich wandere im Tal des Todesschattens, fürchte ich kein Unheil…" (Psalm 23,1+4, ELB). Und wenn ich mich doch fürchte? Wenn ich mutlos und verzagt bin, ungeduldig, wütend oder einfach nur schlecht drauf? Zu meinem Vater im Himmel kann ich immer kommen, mit allem, er versteht mich – *Danke, Gott!*

Licht leuchtet auf

Fast ein Jahr ist herum – bald ist wieder Ostern! Etwas gedämpft noch beginnen wir uns am Frühling zu freuen. Ob wir noch einmal Reisevorbereitungen treffen sollen? Wir legen alles in Gottes Hand und gehen zu unserem kleinen Reisebüro. Überraschend freundlich werden wir vom Besitzer begrüßt: „O, ich wusste, Sie kommen wieder!

Schauen Sie nur, hier liegen noch alle ihre Unterlagen! Wir ändern nur das Datum und dann kann es losgehen!" Sprachlos staunen wir: Flug, Hotel in Athen, Mietwagen, Fähre, Hotel am Urlaubsort – alles ist wieder genau so, wie wir es im vorhergehenden Jahr geplant hatten. Glücklich und voll Lob und Dank für einen Vater im Himmel, der wirklich alles in seinen Händen hält, können wir uns auf diese Reise freuen und frohen Herzens erst einmal das Osterfest feiern.

Strahlendes Osterlicht

Aber das Schönste kommt ja noch: Da in Griechenland die beweglichen Feste nach dem Julianischen Kalender berechnet werden, feiert die Griechisch Orthodoxe Kirche das Osterfest dort etwas später als in Deutschland. So können wir uns in diesem Jahr erst einmal zu Hause und dann am Urlaubsort noch einmal über die Auferstehung unseres Herrn und Heilands Jesus Christus freuen.

Wir kommen gerade rechtzeitig in Athen an, um die Griechen auf dem Markt bei den Festeinkäufen zu beobachten. Wir lassen uns vom Markttreiben begeistern und beobachten interessiert, wie ein Lamm nach dem anderen den Besitzer wechselt, das dann am Sonntag über dem offenen Feuer am Spieß gebraten wird. Das griechische Osterfest wird traditionell in der Familie gefeiert, der Ostersonnabend wird mit Vorbereitungen für das Festmahl am Sonntag zugebracht. Derweil sind wir mit Auto und Fähre unterwegs unserem Ziel entgegen und landen auch wohlbehalten in einem hübschen kleinen Hotel auf Kefalonia. In der Osternacht von Samstag auf Sonntag gehen dort die Menschen mit geschmückten Osterkerzen in die Kirche. Kurz vor Mitternacht verlöschen die Lichter und der Pope tritt mit der geweihten Osterflamme hervor. Von Kerze zu Kerze flackert in Minuten ein Meer von Lichtern auf. Der Pope verkündet Punkt Mitternacht: „Christos anesti" (Christus ist auferstanden) und die Gemeinde jubelt: „Alithos anesti" (Er ist wahrhaftig auferstanden). Die Menschen umarmen sich und die Kerzenprozession bewegt sich durch den Ort.

Von unserem Vermieter werden wir am Sonntag zum Osterfestessen eingeladen, was dann bei strahlendem Sonnenschein ein voller Erfolg wird. Aber das Schönste ist für uns, dass wir vom frühen Sonntagmorgen an immer und immer wieder die wunderbaren Worte hören, die sich alle als Gruß zurufen: „Christos anesti", worauf dann regelmäßig geantwortet wird: „Alithos anesti". Eine schöne Tradition, bei der wir voller Freude mittun können, denn für uns ist es ja feste Glaubensgewissheit, dass unser Herr auferstanden ist und lebt. Wie viele der Einheimischen können es wohl aus dem Herzen heraus sagen? Uns ist es nicht möglich, der Frage auf den Grund zu gehen, da unsere Verständigung mehr schlecht als recht und mit Händen und Füßen ist, und viel von der allgemeinen Freude mag wohl den freien Tagen und dem guten Essen gelten.

Jesus Christus hat gesagt: „Ich bin das Licht der Welt. Wer mir nachfolgt, wird nicht mehr in der Finsternis umherirren, sondern wird das Licht des Lebens haben" (Johannes 8,12, NGÜ). Unser auferstandener Herr, Jesus Christus selbst, will uns in das warme Licht seiner Liebe hüllen, er will uns unsere Schuld vergeben, und sei sie noch so groß. Dafür ist er am Kreuz gestorben, dort hat er für sie bezahlt. Wer ihm glaubt und sein Leben in seine Hände legt, ist geborgen für Zeit und Ewigkeit, sei es in Not, Krankheit, Verzweiflung und Kummer, aber auch bei allem Schönen und in den glücklichen Momenten. Kein Umherirren in der Finsternis mehr, nein, große Freude im Licht des Auferstehungsmorgens!

Ich wünsche Ihnen von Herzen, dass eines Tages ein solches Osterlicht in Ihrem Leben aufgeht und Sie dann auch aus voller Überzeugung sagen können: „Er ist wahrhaftig auferstanden!"

Angelika Breest

Haben Schmerzen (einen) Sinn?

03.07.2000

Eigenartig, aber diese Frage stand eines Morgens ganz plötzlich vor mir, als ich aufstehen wollte. Warum mir dieser Gedanke nicht schon früher kam, fragte ich mich wiederum, denn ich muss seit 36 Jahren mit Schmerzen leben. Vielleicht ist dies jetzt erst dran. Ich versuche schon seit vielen Jahren, jeden Tag aus Gottes Hand zu nehmen – vielleicht ist es nun wieder so ein Fall.

Manchmal geht es nur schrittweise von Stunde zu Stunde. Das war in meinem Leben jedoch nicht immer so. Als einziges Kind meiner Eltern wuchs ich behütet in einem Geschäftshaushalt auf. Mein Vater hatte ein Sägewerk und meine Mutter arbeitete in dessen Büro.

Diese Geborgenheit änderte sich für mich jäh 1945 durch die Kriegseinwirkungen, als ich als Elfjährige aus der Schule kam und wir plötzlich fliehen mussten. Ich war in einem Internat im Nachbarort, um dort die Oberschule zu besuchen. Eines Tages im Januar 1945 wurde ich nach 17.00 Uhr von den Internatseltern ohne Geld und Essen zum Bahnhof geschickt. „Sieh zu, wie du nach Hause kommst", hieß es. Aber es fuhr stundenlang kein Zug. Warten am Bahnsteig. Doch ich musste wohl einen Schutzengel bei mir gehabt haben. Eine Mutter aus meinem Heimatort mit ihrer kleinen Tochter und einem Schlitten kannte mich und nahm mich „Alleinreisende" unter ihre Fittiche, gab mir sogar zu essen. Irgendwann nachts kam endlich ein Zug, der uns in den nur eine

Station entfernten Heimatort brachte. Zum Glück führte der Heimweg der beiden am dunklen Wald bei meinem Elternhaus vorbei, und so kam ich wohlbehalten nach Hause und klingelte meine sprachlosen Eltern aus dem Schlaf.

Und so spannend ging es für mich weiter. Es war ein grimmiger Winter, und da die russischen Truppen schon kurz vor Frankfurt (Oder) standen, brachten mich meine Eltern aus Sicherheitsgründen zu Verwandten nach Dahme/Mark. Dort besuchte ich auch die Oberschule, hatte aber viel Heimweh. Das konnten auch die vier Pferde meines Onkels, der Tierarzt war, nicht wettmachen. Tante und Cousine führten ein scharfes Regiment. Ich fühlte mich nur von meinem Onkel und von der Mutter einer Schulkameradin in meinem kindlichen Gemüt verstanden, wenn ich mich mal wieder bei ihnen ausweinte. Von 1945 bis 1947 blieb ich in Dahme. Als mein Onkel starb, hatte ich niemanden mehr. Ich vermisste ihn sehr.

Einige Male hatte ich meinen Eltern geschrieben, aber die Post kam nicht an oder ich schickte sie nicht ab, weil sie mir zu klagend erschien. Die Eltern wussten nicht, dass es mir in Dahme nicht gut ging. Lange, etwa vier Monate lang, wusste ich nicht, ob meine Eltern nach Kriegsende noch lebten. Als ich endlich auf Umwegen erfuhr, dass meine Eltern noch am Leben waren, wollte ich zu ihnen zurück. Das geschah dann auch.

Allerdings war es immer der Wunsch meines Vaters gewesen, dass ich eine gute Schulbildung erhalten sollte. So war ich nur kurz daheim und kam 1947 in ein Mädcheninternat nach Berlin-Dahlem, wo hart gelernt werden musste. Nach gut einem dreiviertel Jahr dort durfte ich an einem Wochenende endlich wieder einmal heimfahren. Mutter brachte mich am Sonntag zum Bahnhof und sagte mir, dass sie am Montag nach Berlin zum Arzt müsse. Ich nahm das nicht so wichtig und riet ihr zu, fragte aber nichts Näheres. Was ich nicht wusste: Meine Mutter wollte mich nicht beunruhigen und hatte mir verschwiegen, dass sie sich in Berlin einer Operation unterziehen musste. Am Dienstag wurde sie operiert und am Mittwoch war sie tot, während des Eingriffs verblutet. Das alles erfuhr ich aber erst am Donnerstag, als mein Vater im Internat erschien und mir sagte, Mutter sei sehr krank und ich müsse gleich nach Hause kommen. Es war eine gut zweistündige Bahnfahrt, und da Vater eine schwarze Krawatte trug und mir sehr traurig erschien, fragte ich ihn denn während der Fahrt kurz vor unserem Heimatort: „Vati, sag mir jetzt, lebt Mutti noch oder ist Mutti tot?" Aber ich brauchte Vaters Antwort kaum. In dem Moment wusste ich, dass mir das Liebste, meine Mutter, an der ich sehr hing, genommen worden war.

Da begann der seelische Schmerz für mich. Da Mutters Platz im Büro jetzt leer blieb, musste ich von der Schulbank an den Schreibtisch unseres Büros.

Wieder war alles neu für mich und ich wurde sozusagen ins kalte Wasser geworfen. Genau wie ich hatte mein Vater wegen des Verlustes seiner Frau sehr zu kämpfen. Am besten half uns beiden die Arbeit über alles Schwere hinweg. Vater versuchte nun, so gut er konnte, mir die Mutter zu ersetzen, aber wiederum war er auch ein strenger Chef. Gott hatte jedoch schon einen lieben Menschen für mich bereit, Tante Annchen, Vaters Schwester. Sie kam, so oft es ihr möglich war, aus Berlin zu Besuch. Das war dann immer ein Festtag, wenn ich sie vom Bahnhof abholen konnte. Ihr konnte ich mein Herz ausschütten; sie nahm mich in ihre Arme, was so gut tat! Sie ersetzte mir ein wenig die Mutter. Was ich damals schon wusste: Sie betete für mich und Vater, und wir beteten auch beide zusammen. Wie viele Gebete mag sie wohl für mich zu Gott geschickt haben in ihrem langen Leben? Sie wurde 96 Jahre alt.

Am schlimmsten waren damals für mich 15-Jährige immer die Wochenenden. In mir war ein Suchen und Sehnen, das ich mir aber nicht erklären konnte. Oft dachte ich, dass es das doch wohl nicht gewesen sein konnte. Tantchen hatte ein feines Gespür dafür, wie es mir innerlich ging. Eines Tages gab sie mir einen Zettel mit einer Adresse einer Freien evangelischen Gemeinde in unserem Nachbarort. An einem Nachmittag fuhr ich dorthin, denn nun wollte ich es genau wissen. Ich fand mich in einem Gottesdienst mit vielen jungen und auch älteren Menschen wieder. Vom ersten Augenblick an fühlte ich mich dort wohl, akzeptiert und angenommen. Als ungefähr ein halbes Jahr später dort eine Evangelisation stattfand, eine besondere Verkündigung von Gottes froher Botschaft, lud man mich auch dazu ein. Bisher war ich ja fast jeden Sonntag dort aufgekreuzt, und da mein Zug erst gegen 22.00 Uhr zurückfuhr, wurde ich fast immer noch in einzelne Familien eingeladen, um die Zeit zu überbrücken. Diese Stunden vergingen für mich wie im Flug.

Während dieser Evangelisation geschah etwas Eigenartiges. Ich hörte zu, aber es war, als ob Gott nur zu mir allein redete. Dazu sang der gemischte Chor noch ein Lied, dessen Refrain lautete: „Suche Jesum und sein Licht, alles andre hilft dir nicht!" Ich wusste sofort: *Das ist es, ich bin gemeint.* Im gleichen Moment standen vor mir Dinge, die ich getan hatte und nun als Schuld erkannte. Noch nie vorher hatte ich bewusst gehört, dass jeder Mensch vor Gott ein Sünder ist (durch den Sündenfall), aber Jesus Christus, Gottes Sohn, alle unsere Schuld am Kreuz auf Golgatha auf sich nahm, und dass uns durch den Glauben an seinen Tod und seine Auferstehung vergeben ist. Das machte mir Gott in dem Moment und nach dem Gottesdienst in einem Gespräch mit Pastor Paul Lenz klar. Ich war zurückgeblieben, da ich schon während des Gottesdienstes sehr weinen musste und spürte, dass mir geholfen werden müsste und könnte. An diesem Abend im Jahre 1950 stellte ich mein Leben unter die Regie und Führung von Jesus Christus. Damals wusste ich aber noch nicht, wie alles weitergehen sollte.

Mein Vater merkte die Veränderung, die mit mir vor sich ging, durchaus. Ich erzählte ihm auch von meinem vollzogenen Schritt, doch er konnte das alles nicht nachvollziehen. Allerdings merkte er immer mehr, dass ich auf gutem Wege war. Zum Glück hatte ich diesen Halt gefunden, denn im September 1951 brauchten mein Vater und ich erneut Kraft. Nachts brannte Vaters Lebenswerk, das Sägewerk, durch Brandstiftung bis auf die Grundmauern nieder. Mein Vater wollte während des großen Feuers noch allein ein Fass Benzin aus einem Sägewerksraum holen. Beinahe wäre er dabei ums Leben gekommen, hätte ihn nicht ein Mann in letzter Minute aus dem verqualmten Raum gezogen. Noch in der gleichen Nacht beschuldigte man meinen Vater, den Brand selbst gelegt zu haben. Ich betete in dieser Nacht wohl so, wie ich noch nie Gott bestürmt hatte. Auch mich wollte man nachts verhören, was Vater aber nicht zuließ; seine Tochter brauche jetzt Ruhe und Schlaf, sagte er. Nach diesem zweiten Schlag innerhalb von zwei Jahren war mein Vater ein gebrochener Mann. Mit erstaunlicher Energie brachte er dennoch alle nötigen Unterlagen zusammen. So konnte ihm letztendlich keine Schuld nachgewiesen werden. Er erhielt sogar ein Jahr später die Genehmigung, das Sägewerk wieder aufzubauen. Dann folgte für ihn und mich der dritte Schlag. Obwohl die völlig ausgeglühten Maschinen wieder bestens überholt und größtenteils erneuert worden waren, bekam Vater, weil er Privatunternehmer war, keine Holzzuteilung mehr – *nie* wieder.

Oft beobachtete ich ihn, wie er sinnend über den Platz ging, wo früher hohe Holzstapel standen. Nun war dort nichts mehr, nur das pure Gras wucherte an diesen Stellen. Auch mein Arbeitsplatz war weg. Was jetzt?

Vater und Tante rieten mir 1955, für ein Jahr eine Haushaltungsschule in Berlin zu besuchen. Wir entschieden uns für das Lette-Haus, wo ich die Aufnahmeprüfung bestand, und so zog ich zu Tantchen nach Ostberlin. Sie nahm mich in ihre Ein-Zimmer-Wohnung auf. Da das Lette-Haus aber in Westberlin war, pendelte ich mit der U-Bahn täglich von Ost nach West. Zu Hause vermisste man mich nach einer Weile schon, und oft genug wurde mein Vater gefragt, wo ich denn stecke. Bis heute ist mir Vaters Antwort darauf schleierhaft: Er sagte den Leuten, ich sei als Missionarin zu Albert Schweitzer gegangen. Durch diesen Scherz fragten nicht mehr viele nach und Vater brauchte nicht zu antworten, was ihm sehr recht war. Die Schule machte mir viel Freude, ich wurde sogar als Erste Sprecherin der gesamten Schülermitverwaltung gewählt. Während meiner täglichen U-Bahnfahrten hatte ich denn auch stets diesbezüglich Notizen und Aufzeichnungen bei mir.

Kurz vor Weihnachten 1956 gab es eine Kontrolle und man holte mich mit etlichen anderen aus dem Zug. Später erfuhr ich, dass diese Leute jede Menge Gänse, Wurst und andere Schieberwaren in ihren Koffern hatten. Mein Verhängnis war etwas Westgeld, nicht mal zehn Mark, und die Notizen, auf denen stand „Bibliotheks-Referentin und RIAS-Referentin". Deshalb musste ich nach einer Fahrt mit der „Grünen Minna" (ein Spitzname für die grünen Autos, in denen Gefangene transportiert wurden, Anm. d. Hrsg.) zum Alexanderplatz die Nacht in Untersuchungshaft verbringen. Der Vopo (DDR-Volkspolizist, Anm. d. Hrsg.) wollte mich in eine Einzelzelle sperren, doch ich sagte ihm, da käme ich um, und bettelte ihn an. Tatsächlich ließ er mich auf einer Bank vor den Zellen mit einer gegen die Kälte erbetenen Decke übernachten. Mitten in der Nacht holte man mich zum Verhör; ich solle doch zugeben, dass ich mit den Amerikanern (wegen der „RIAS-Referentin") gemeinsame Sache machte. Ich war damals 22 Jahre alt, es war fünf Tage vor Heiligabend und zwölf Tage vor meinem Geburtstag. Einer der Wächter, der in meinen Ausweis schaute, sagte zu mir: „Na, ob Sie Ihren Geburtstag wieder zu Hause verleben können?" Obwohl ich schreckliche Angst hatte, spürte ich aber dennoch eine starke Hand über mir. Das hatte ich auch schon gemerkt, als ich nicht wie die anderen Verhafteten in eine Zelle gebracht wurde, sondern auf der Flurbank bleiben konnte. Das war wohl Gottes Eingreifen, und als ich dann noch bei weiteren Verhören auf alle heiklen Fragen die Antworten fast in den Mund gelegt bekam, die ich geben sollte, staunte ich selbst und wusste: Gott ist mit mir, auch in dieser makabren Situation. Noch in der Nacht, das erfuhr ich erst später, wurde mein Vater telefonisch aus dem Bett geklingelt und genauestens nach mir befragt. Da mein Vater nun alles wahrheitsgetreu schilderte, durfte ich am nächsten Morgen entlassen werden. Natürlich hatte sich auch meine Tante schreckliche Sorgen gemacht, weil ich nicht zu ihr nach Hause gekommen war. Ich erzählte ihr dann alles und wir weinten beide nach der großen Anspannung der vielen Stunden.

Kurz vor dem Mauerbau 1960 flüchteten dann auch meine Tante und ich. Aber noch 1959, ich war immer noch im Lette-Haus und baute dort in fünf Jahren meine Berufsausbildung mit Staatsexamen auf, verstarb plötzlich mein Vater, nachdem ich ihn noch am selben Tag zu Arztterminen in eine Berliner Klink begleitet hatte. Hier hatte man mir aber mitgeteilt, dass er nicht mehr lange zu leben hatte. Ich musste zurück, da ich im Praktikum stand. Jedoch verstarb mein Vater noch in derselben Nacht.

Als ich dann 1960 endlich mein Staatsexamen in der Tasche hatte, war ich glücklich. Ich merkte aber auch, dass ich in all den Berliner Jahren immer mehr von Gott abgekommen war. Das ging so schnell. Ich liebte wieder die Welt mit ihren schillernden Angeboten, ging tanzen und konnte mir ein anderes Leben überhaupt nicht mehr vorstellen. Als Hauswirtschaftsleiterin arbeitete ich übrigens nicht, sondern im Büro einer Buchdruckerei.

Inzwischen hatte ich mir auch eine kleine Wohnung eingerichtet, mein erstes eigenes Reich, nachdem ich des Öfteren zur Untermiete gewohnt hatte. In meinen Heimatort konnte ich die ersten Jahre nicht mehr fahren, auch nicht zu den Gräbern meiner Eltern, denn 1961 kam der Mauerbau und es war für Geflüchtete alles dicht.

Schon in der Zeit im Lette-Haus, nach Vaters Tod, trat der Senat an mich heran und wollte wissen, was mit dem 1944 ausgebombten Berliner Haus, das meinem Vater gehörte, geschehen solle. Ich musste mich schnell entscheiden, es entweder zu verkaufen oder wieder aufzubauen. Für ein Butterbrot sozusagen wollte ich Vaters Mühen nicht verschleudern. Oft fragte ich mich in so entscheidenden Situationen: *Was hätte Papa jetzt wohl an meiner Stelle getan, da er doch nie das Risiko scheute und ein Kämpfer war ...?*

Weder meine Tante noch ich hatten eine gute Wohnung, wie sollte ich mich also entscheiden? Vor Jahren hatte ich einmal gelesen, was der Name Edith, den mir meine Eltern gaben, bedeutet: Kämpferin für das Erbgut, den Besitz. *Na, dann mal los, Edith*, dachte ich mir. Der Wiederaufbau begann 1961, und schließlich bezogen

Tantchen und ich in dem Haus je eine schöne Wohnung, in der sie bis zu ihrem Tod mit 96 Jahren wohnte.

Aber wie war es um mein geistliches Wohl bestellt? Ach, ich kam gar nicht zum Fragen; ich betete zwar, aber Bibellesen? Ab und an. Doch Gott hatte mich nicht aus seinen Vateraugen verloren; er ging mir nach. Das wurde mir klar, als etwas passierte, das mein ganzes Leben veränderte.

Es war im März 1964. Ich kam von der Arbeit, musste noch einen Umweg zur Bank machen und hatte eigentlich genügend Zeit. Der Bus kam gerade und ich wollte ihn unbedingt noch erreichen. Ich rannte los, blieb aber mit einem Pfennigabsatz an einer Straßenbahnschiene hängen und stürzte furchtbar auf mein linkes Knie. Seltsam, während des Sturzes hörte ich ganz deutlich die Worte: „Du musst ganz tief runter." Ich wusste sofort, was das bedeutete, dass es Gottes Stimme war. – An dem Tag konnte ich noch alle Erledigungen machen. Das Knie schmerzte zwar entsetzlich, aber ich kam noch bis in meine Wohnung. Leider erhielt ich danach nicht die richtige Behandlung. Zum Orthopäden sagte ich: „Schicken Sie mich ins Krankenhaus, wenn es sein muss." „Mit so etwas kommt man nicht ins Krankenhaus", war die harsche Antwort. Nach sieben Wochen wurde ich dann auf mein eigenes Drängen in das Britzer Krankenhaus eingewiesen. Dort fragte man mich: „Wann war Ihr Unfall, vor sieben Wochen? Und da kommen sie erst jetzt?"

Vertane Zeit? Es folgten eine Operation, Komplikationen, aus heutiger Sicht unmögliche Methoden, das Bein wieder beweglich zu bekommen. Weil ich die Martyrium-

Methoden in der Badewanne mit Wasser (Beugungen des Beines über die Schmerzgrenze hinaus, bis zur Ohnmacht) nicht länger als zweimal ertragen konnte, blieb mein linkes Bein bis heute zum Teil steif. Insgesamt lag ich außer den sieben Wochen daheim noch fünf Monate im Krankenhaus.

Morbus Sudeck, eine schwere Durchblutungsstörung und Entkalkung im Knie, war dazugekommen. Stehen war fast unmöglich, deshalb konnte ich auch nie mehr meinen Beruf als Hauswirtschaftsleiterin ausüben. Ab da stand das Wort „Schmerzen" über meinem Leben. Es war auch kein Berufsunfall, weil ich den Umweg zur Bank gemacht hatte. Es war gut, damals nicht zu wissen, dass ich auch vierzig Jahre später noch mit diesen Kniebeschwerden leben muss...

Nach fünf Monaten Krankenhausaufenthalt, im September 1964, wurde ich entlassen. Ich konnte nur am Stock ein paar Schritte laufen. Meine Wohnung lag in der dritten Etage, die Treppen zum Arzt zu steigen oder einkaufen zu gehen war strapaziös, da mein linkes Bein ja zum Teil steif war. Doch irgendwie musste es weitergehen und es ging auch. Viele liebe Zeilen und Ermutigungen von Freunden, Bekannten und Verwandten hatten mich in der Krankheitszeit erreicht.

Besonders erfreute mich in der Zeit die Karte eines jungen Mannes, den ich 1962 nach einer Hochzeitsfeier in Hamburg, kurz nach der großen Hamburger Sturmflut, kennengelernt hatte. Meine Tante hatte mir Grüße an ihre Bekannte aus Westpreußen aufgetragen, die in Hamburg lebte. Als ich der Bekannten diese Grüße überbrachte, lernte ich dort auch deren Tochter und Sohn kennen. Kurz, der Sohn Dieter war derjenige, der mir sehr Mut machende Zeilen ins Krankenhaus schrieb, nachdem er von meinem Unfall gehört hatte. Das Briefeschreiben mit ihm wurde reger und er erwähnte, er wolle eventuell im Dezember nach Berlin kommen. Eigenartig, aber ich begann mich sogar darauf zu freuen. Auch der alte Ehrgeiz fand sich wieder bei mir. Es wäre doch undenkbar, wenn er käme und ich liefe noch am Stock! Trotz Schmerzen beim Stehen und Gehen übte ich, ackerte förmlich, damit ich besser und sicherer laufen lernte.

Ich werde es wohl nie vergessen: Am zweiten Weihnachtsfeiertag wollte Dieter mittags von Hamburg nach Berlin abfliegen, und ich wollte ihn abholen. *Denkste*, wie der Berliner sagt – wir konnten nicht zusammenkommen. Kein Flugzeug ging, Hamburg war eine Waschküche im Nebel, und das änderte sich auch nicht mehr an diesem Tag. So kam mein Besuch nachts 23.30 Uhr am Bahnhof Zoo an, wo ich ihn pünktlich abholte, noch mit Stock. Als er mir dann so zwischendurch sagte: „Du läufst aber schon wieder ganz prima", da war ich wohl der glücklichste Mensch auf der ganzen Welt. Er blieb dann noch bis zu meinem Geburtstag an Silvester 1964 in Berlin. Wir trafen uns jeden Tag und weil ich herausgefunden hatte, dass er gern Kirschtorte aß, backte ich fix einen Kuchen und überraschte ihn damit zum Abschied. Ab dieser Zeit fragte ich Gott im Gebet, wie alles weitergehen möge. Ich fragte nach seinem Weg mit mir und bat ihn, dass er ihn mir zu erkennen gibt. So oder ähnlich wird wohl auch „mein Hamburger" Gott gefragt haben. Nun fand auch einmal ein Gegenbesuch in Hamburg statt. In dieser Zeit, denke ich, beteten seine Mutter, seine Schwester, die Diakonisse war, und auch mein Tantchen für uns beide. Ostern 1965 feierten wir in Hamburg-Ellerbek Verlobung. Inzwischen hatte ich auch mein Selbstwertgefühl wiedererlangt.

Ein Jahr danach sollte die Hochzeit sein. Da aber einige Monate vorher mein rechtes Knie anfing, mir zusätzliche Schmerzen durch die Verlagerung beim Gehen zu machen, sagte ich zu Dieter: „Bitte überlege es dir noch mal. Du kannst noch zurück", weil jetzt dieses zusätzliche Handicap auftrat. Doch Dieter überlegte nicht lange und gab mir zur Antwort: „Ich halte zu dir." Das machte mich natürlich sehr froh und glücklich und wir heirateten Pfingsten 1966. Wir konnten danach meine bisherige Wohnung um ein Zimmer vergrößern. Diese Möglichkeit und auch, dass wir auf Hochzeitsreise gehen konnten, alles das sahen wir als großes Gottesgeschenk an.

Im Sommer 1969 ging es mir plötzlich schlecht. Der Arztbesuch ergab während der Untersuchung einen Tumor! Der Arzt gab Bestrahlungen auf den Leib und sagte, ich solle nach einer Woche wiederkommen. Noch ganz vom Arztbesuch benommen, trat ich aus dem Haus. Ich konnte mich kaum an den Heimweg erinnern! Als ich nach einer Woche und Gesprächen mit meinem Mann wieder zum gleichen Arzt zur einer weiteren Untersuchung kam, sagte er: „Ich kann ihnen die erfreuliche Mitteilung machen, sie haben keinen Tumor, sondern ein Myom." Das war für mich noch schlimmer, weil meine Mutter bei solch einer Operation verblutet war.

Es waren entsetzliche Tage der Ungewissheit. Ich wusste nicht, ob die zweite Bestrahlung in dem Fall wirklich gut für mich war. Das ließ mir keine Ruhe und ich ging noch zu einem anderen Arzt. Dieser fragte mich dann nach meiner Periode. Obwohl sie in den letzten Monaten unverändert gewesen war, ließ er trotzdem einen Schwangerschaftstest machen. Das Ergebnis: positiv, das heißt, ich war in anderen Umständen, wir erwarteten ein Baby. Vom ersten Moment an konnte ich mich riesig auf das Kind freuen und mein Mann auch. Kein Tumor, kein Myom! Nach all den Schocks baten wir Gott nun um ein gesundes Kind, weil ich doch vom Arzt die Bestrahlung auf den Bauch bekommen hatte. Während der Schwangerschaft fühlte ich mich ab da sehr gut. Das Knie – eigentlich beide Knie – besserten sich.

Während der Zeit der Schwangerschaft erlebten wir noch einige große Bewahrungen. Im fünften oder sechsten Schwangerschaftsmonat kamen wir eines Sonntags vom Gottesdienst aus der Gemeinde und verursachten einen Autounfall. Uns allen dreien jedoch war nichts passiert, obwohl unser Auto Totalschaden hatte. Das war die zweite Bewahrung für unser ungeborenes Kind. Es gab noch eine dritte. Im Dezember 1969 war mein Mann sehr stark erkältet, was sich als eine Virusinfektion herausstellte. Als er morgens zur Arbeit gehen wollte, brach er im Flur unserer Wohnung ohnmächtig zusammen und hatte starkes Nasenbluten. Zudem hatte er sich eine Hepatitis zugezogen, von der das Kind und ich gottlob verschont blieben. Ich merkte zwar an diesem Abend nach all den Aufregungen beginnende Wehen, aber alles beruhigte sich wieder und es kam nicht zu einer Frühgeburt. Wieder hatten wir viel Grund, Gott für seine Hilfe zu danken.

Unsere Tochter Inis wurde dann am 26. Januar 1970, zwei Wochen vor dem errechneten Geburtstermin, per Kaiserschnitt geboren und wog 2.500 Gramm. Gleich danach war bei mir noch eine Brustoperation nötig, weil ich nicht stillen konnte. Auch die Kleine musste nach unserer Entlassung aus dem Krankenhaus noch einen Eingriff an der Brust mitmachen. Die Ärzte hatten wohl durch ihr vieles schmerzbedingtes Schreien die Ursache (eine schwere Entzündung) gefunden.

Einige Wochen nach Inis' Geburt besuchte uns eine Bekannte. In ihrer Gruppe hatte ich vorher Schwangerschaftsgymnastik gemacht. Sie nahm Inis und machte, was uns gar nicht bewusst war, einige kurze Reflexbewegungen bei dem Kind. Daraufhin sagte sie uns, dass die Kleine mit einer spastischen Lähmung auf die Welt gekommen sei. Das hatte uns noch kein Arzt gesagt. Wir flehten Gott um seine Hilfe an. Die Bekannte vermittelte uns eine Stelle, wo sehr gute Spastikergymnastik mit solchen Kleinkindern gemacht wurde. Ich fuhr also mit Inis dorthin. Viele Behandlungen waren gar nicht nötig, weil es noch rechtzeitig erkannt worden war. Wie dankbar und froh waren wir da!

Gott hatte also in seiner großen Güte trotz allem seine Hand über das Kind gehalten, das er geschaffen und gewollt hatte.

Noch im Krankenhaus bekam ich einen schweren Hexenschuss, der sich danach noch oft wiederholen sollte. Mehr und mehr gingen die Schmerzen auf den Steiß über oder vom Steiß aus, ich kann es bis heute nicht genau definieren. Jedenfalls trugen in all den Jahren diese und andere Schmerzen wie Nierenkoliken, eine Gallen-OP, Armbrüche, Knieprobleme und vieles mehr dazu bei, dass ich bisher schon über 20 Mal in Krankenhäusern und Kliniken war.

* * *

Ein besonderes Erlebnis hatte ich während einer meiner vielen Krankheitsphasen. Im September 1978 mussten mir vier Backenzähne gezogen werden. Zwei Wochen danach bekam ich eine Entzündung der Wangenschleimhäute, die trotz Salben von der Zahnärztin immer schlimmer wurde und sehr schmerzhaft war. Da auch der Professor für Hautheilkunde im Krankenhaus kein anderes wirksames Medikament wusste, sollte mir dort noch vor Weihnachten eine Gewebeprobe entnommen werden. Das ließ ich aber nicht zu und ging auf eigenen Wunsch in die Dermatologie-Abteilung des Klinikums. Hier stellte man eine völlig neue Diagnose: eine seltene, noch nicht ergründete, eventuell jahrelang dauernde Erkrankung. Die Schmerzen im Mund waren so schlimm geworden, dass ich kaum noch wagte zu essen und zu sprechen. Das mir dort verabreichte, noch nicht im Handel befindliche Medikament in hoher Dosis wirkte allmählich – jedoch waren die Nebenwirkungen so stark, dass die Menge auf ein Viertel reduziert werden musste. Die Nebenwirkungen flauten ab, doch der Mund wurde wieder schlimmer, sodass man die Dosis doch wieder erhöhte. Da diese

Erkrankung selten und die Behandlung schwierig ist, bat mich der Professor, mich seinen Studenten in der Vorlesung vorstellen zu dürfen. Ob ich bereit dazu sei? Ich sagte zu.

Von Anfang Januar bis zum 8. Mai 1979 nahm ich das Medikament ein. Weil ich aber davon starken Haarausfall bekam, setzten der Professor und meine junge Ärztin das Mittel ab. Etwas anderes gäbe es nicht, hieß es. Somit war von ärztlicher Seite keine weitere Hilfe möglich.

Ich sah immer mehr ein, dass, wenn ärztliche und menschliche Hilfe am Ende sind, nur noch Einer mir helfen konnte: Gott. Einen Tag später ließ ich mir von einem Pastor im Gebet die Hände auflegen und bat Gott, wenn es sein Wille ist, möge er die Krankheit heilen oder mir wenigstens Kraft zum Tragen geben. In den sieben Tagen danach verschlimmerten sich die Schmerzen sehr und ich geriet ins Zweifeln, bis ich am achten Tag die Tageslosung las: „Du Kleingläubiger, warum zweifelst du?" (Matthäus 4,31). Das Wort traf mich sehr! Ich selbst betete nun noch mehr und hatte auch einige treue Beter hinter mir. Von diesem Tag an ließen die großen Schmerzen im Mund allmählich nach. Ich nahm nun überhaupt kein Medikament mehr dagegen ein.

Als ich am 14.04.1979 meine Zahnärztin wegen einer anderen Sache aufsuchte, fragte sie spontan, was ich denn für ein neues Medikament nähme, der Mund sähe wesentlich besser aus. Ich nahm allen Mut zusammen und erzählte ihr und den drei Helferinnen, wie Gott mir geholfen hatte. „Das ist ja interessant", war ihre Antwort. In mein Herz zog große Freude ein, dass ich Jesus Christus

192

vor ihnen bezeugt hatte. Kaum war ich zu Haus, rief mich meine neunjährige Tochter, die gerade einen Ausschnitt vom Kirchentag im Fernsehen sah. Als ich zur Türschwelle kam, hörte ich die Worte aus dem Fernseher: „Wer mich bekennt vor den Menschen, den werde ich auch bekennen vor meinem himmlischen Vater." Ich nahm das für mich als Bestätigung und war unendlich dankbar!

Kurz danach fuhren wir in den Urlaub zu lieben Verwandten. Als Vater, Mutter und Kind bei der Abreise wieder die Koffer packten, vergaßen wir mehrere Sachen und meine Schwägerin musste uns das alles zurückschicken. Sie legte in dieses Paket unter anderen auch ein ermutigendes Traktat – hatten wir vielleicht deshalb alles vergessen? Ich kam ins Nachdenken. Noch am gleichen Tag bestellte ich eine größere Anzahl dieser Traktate, weil ich den Inhalt sehr gut fand.

Sie trafen trotz Hindernissen – die Bestellkarte war zwischenzeitlich in der Post verloren gegangen – gerade noch rechtzeitig am Montag ein, denn am Dienstag musste ich wieder ins Klinikum zu meiner Ärztin. Innerlich bangte ich, was und wie ich es ihr sagen sollte. Beim Warten erzählte mir eine Patientin, dass der Professor, bei dem ich in Behandlung war, auch ihr bei ihrem schweren Leiden sehr geholfen hatte. Als sie ihm dafür danken wollte, hätte er ihr geantwortet: „Sie müssen nicht mir, sondern sich bei einem anderen bedanken." Ich konnte das kaum fassen. Es gab mir wiederum den nötigen Mut zu einem Bekenntnis. Ich erlebte, wie Gott in all diesen Dingen echte Maßarbeit tat. Als die Ärztin dann in meinen Mund schaute, meinte sie auch, dass es so viel besser nur unter der hohen Dosis des starken Medikaments ausgesehen hätte. Auf ihre Frage, ob ich jetzt etwas anderes einnähme, verneinte ich und erzählte ihr von der Handauflegung im Gebet. Ihre Antwort: „Ich sage auch immer, dass Glaube Berge versetzen kann." Meinte sie das im christlichen Sinne?

Ich kam nicht mehr dazu, sie zu fragen; ich konnte nur noch staunen! Im Stillen hatten mein Mann und ich den Herrn Jesus um Klarheit und eine Antwort gebeten. Nun sagte ich: „Herr, wenn es so viel besser geworden ist und es dein Wille ist, möchte ich gern auch anderen von dieser Besserung erzählen." Aber auch die Anfechtungen waren stark. Ich wollte mich selbst nicht herausstellen. Würde mir meine Ärztin oder der Professor gestatten, offen ein Zeugnis vor den Studenten abzulegen? Nach menschlichem Ermessen wohl kaum. Doch ich traute unserem Herrn und Heiland viel zu wenig zu. Er hatte schon alles in die Wege geleitet. Als ich der Ärztin gegenüber saß, fragte sie mich plötzlich, ob ich bereit sei, mich vom Professor ein zweites Mal seinen Studenten vorstellen zu lassen. Das war die Gebetserhörung! Ein heißkalter aber glücklicher Schauer lief mir über den Rücken. Und ob ich bereit wäre. Ich sagte ihr: „Grundsätzlich schon, aber unter einer Bedingung, nämlich, dass ich sagen darf, wie mir geholfen wurde." – „Ja, natürlich. Sie dürfen", lautete ihre Antwort. So wurde ich gleich für den nächsten Tag zu der Vorlesung bestellt.

Ich stand in der Situation gottlob nicht allein da. Ich hatte etliche treue Beter und Gott hinter mir. Aus irgendeinem Grund nahm ich die zweimal angeforderten, inhalt-

lich genau in diese Situation passenden Traktate mit –
vielleicht gab es ja noch eine Gelegenheit zum Verteilen.
Alle Angst war von mir gewichen, ich wurde ganz ruhig.
Nun sollte ich den Krankheitsverlauf schildern. Das tat
ich und sagte, ich wolle auch erzählen, wie es zur Besserung kam.

Prof. T. pflichtete mir bei, wie schlimm die Erkrankung – lateinisch „Lichen ruber" – war. Er unterbrach
mich nicht und ließ mich erzählen.

Es hörten mir etwa zwanzig Studenten zu und ich sagte,
dass ich aus Dankbarkeit Gott gegenüber bekenne, wie er
mir nach Handauflegung im Gebet eine wunderbare Besserung geschenkt hatte. Auch konnte ich mich freuen,
dass man mir mein Zeugnis „abnahm".

Zum Schluss fragte ich noch, ob ich jedem ein Traktat
geben dürfe, das mir auch den Mut gab, diese Heilung vor
Menschen zu bekennen. Auf das Ja des Professors gab ich
ihm, einer Krankenschwester und den zwanzig Studenten
ein Traktat und sie dankten mit lautem Klopfen auf die
Tische, wie Studenten es so bekunden. Ich freute mich
riesig!

* * *

„Du musst ganz tief runter", hieß es 1964 bei meinem Sturz
auf das linke Knie. Wie oft erinnerte ich mich an diese
Worte von Gott, wenn ich erneut durch eine Schmerzphase hindurch musste. An einen Sinn der Schmerzen
hatte ich aber bis zum Jahr 2000 nicht gedacht, obwohl
ich mich oft „Warum?" und später „Wozu?" fragte.

Im Rückblick kann ich sagen, dass es unendlich hart war. Aber all das, was ich in diesen Jahren mit Gott und Jesus Christus erleben durfte, macht das Schlimme wett. Überragend über allem steht Gottes Tun, Eingreifen und Führen, und das, denke ich, gibt meinem Leben trotz immer wieder auftretender Schmerzphasen einen Sinn und lässt mich und unsere Familie an ihm festhalten. Und wenn wir keine Kraft mehr haben, hält er uns fest.

Edith Mahlke-Bleck

„… endlich Frieden!"

Meine Mutter flüchtete 1961 mit meiner Schwester und mir aus der damaligen DDR nach Westberlin. Ich war drei Jahre alt. Mein Vater war gestorben und meine Mutter hatte einen neuen Mann kennengelernt – meinen Stiefvater. Er lebte in Westberlin. Nun versuchte sie, mit uns Kindern zu ihrem Verlobten zu kommen. Wie dankbar war meine Mutter, dass unsere Flucht gelang!

Meine Eltern sind Christen, wie auch mein verstorbener Vater Christ war. Das Einzige allerdings, was ich von ihrem Christsein in Erinnerung habe, ist das Brotschneiden. Bevor ein Brotlaib angeschnitten wurde, ritzten meine Eltern drei Kreuze hinein, als Zeichen für Vater, Sohn und Heiligen Geist.

Aufgrund verschiedener Ereignisse in meiner Familie ließ meine Mutter mich nicht taufen. Ich nahm aber am Religionsunterricht teil. Die biblischen Geschichten beeindruckten mich tief. Mehr und mehr glaubte ich fest daran, dass Jesus mich lieb hatte und sich um mich kümmerte. So begann ich auch zu beten und breitete alle meine kindlichen Sorgen, Nöte und Freuden vor ihm aus. Als ich zwölf Jahre alt war, ließ ich mich taufen und konfirmieren. Ich weiß noch heute, was für ein Gefühl mich damals erfüllte. Ich dachte: Jetzt hat dich Jesus als sein Kind angenommen.

Als Nächstes stand die Berufsfrage vor mir: Was sollte ich lernen? Meine Entscheidung war schnell getroffen: Ich wollte unbedingt im Büro arbeiten; doch meine Eltern hatten andere Pläne für mich. Ich war mir aber ganz sicher, dass Gott diese Ausbildung für mich vorgesehen hatte. So betete ich voller Vertrauen, dass meine Eltern endlich einwilligen würden. Wie strahlte ich, als sie schließlich „Ja" sagten.

Kurze Zeit später zogen sie aus Berlin weg. Doch ich blieb da und beendete meine Lehre in einem Rechtsanwaltsbüro. Dort lernte ich meinen jetzigen Mann kennen. Wir heirateten und ich wünschte mir natürlich Kinder. Mein Mann allerdings war dagegen. So begann ich auch hier, intensiv darum zu beten und wartete darauf, dass Gott handeln würde. Und tatsächlich – nach mehreren Jahren erwartete ich unser erstes Kind, einen Sohn. Kurz vor der Geburt stolperte ich jedoch über einen Schlauch auf der Straße und stürzte. Sofort jagten angstvolle Gedanken durch meinen Kopf. Wieder betete ich: „Herr, hilf, dass unserem Kind nichts passiert ist."

Drei Wochen musste ich noch warten. Dann brachte ich ein gesundes Kind zur Welt. Wie sehr dankten wir Gott dafür! Ein Jahr später wurde unser zweites Kind – wieder ein Junge – geboren. Es kam zu früh zur Welt; die Ärzte mussten es holen, weil bei mir plötzlich ein Blinddarmdurchbruch drohte. Einen Tag nach der Notoperation kam das Kind. Die Schmerzen bei der Geburt waren fast unerträglich. Die Ärzte konnten mir keine Betäubung geben, weil ich ja kurz zuvor operiert worden war. Auch hier erlebte ich wieder, was es heißt, seinen ganzen Schmerz und alle Angst auf Gott zu werfen und zu spüren, wie er durchträgt.

Unser Sohn wog nur 1.300 Gramm und wurde sofort in die Universitäts-Kinderklinik gebracht. Wieder stand ich vor Gott und war den Tränen nahe. Ich hatte ein Kind geboren, aber ich konnte es nicht in meinen Armen halten. Zu allem Überfluss bekam ich noch eine Lungenembolie. Ich wusste, was das bedeuten konnte, und flehte Gott an: „Bitte, lass mich doch für meine Kinder und meinen Mann leben!" Und wirklich, Gott war gnädig und heilte mich.

Doch noch konnten mein Mann und ich uns nicht richtig freuen. Unsere beiden Kinder litten unter Pseudokrupp. Dabei handelt es sich um eine ständige Entzündung der oberen Atemwege im Bereich des Kehlkopfes. Nächtelang quälten sie sich mit Hustenanfällen. Aber wieder erlebten wir, wie Gott heilt. Unsere Kinder wurden gesund.

So war es uns wichtig, unsere Kinder mit dem christlichen Glauben bekannt zu machen. Vielleicht würden sie dann selbst einmal entdecken, wer es war, der sie geheilt hatte. Wir brachten die beiden also in einen christlichen „Miniclub". Die Atmosphäre, die Erzieherinnen und der Pastor gefielen mir so gut, dass ich ihnen meine Hilfe anbot. In dieser Zeit lernte ich immer mehr über die Bibel. Dann lud man mich zu einem Frauenhauskreis ein. Er wurde schon bald zu einem festen Bestandteil meines Lebens. Die vielen Gespräche und Begegnungen waren eine wunderbare Entdeckungsreise. Ich lernte, Jesus immer mehr zu vertrauen. Als eine Erzieherin erkrankte, bat man mich, ihre Aufgabe zu übernehmen. Mit Freuden sagte ich zu.

Dann stand ich plötzlich wieder vor einer neuen schweren Herausforderung. Meine Kinder besuchten gerade die Vorschule, als man bei mir Krebs feststellte. Zunächst wusste ich nicht, warum ich mich so lange Zeit elend fühlte, dann aber kamen die Schmerzen. Kurz entschlossen fuhr ich ins Krankenhaus. Nachdem man mich untersucht hatte, versicherte man mir, es sei nichts zu finden. Doch ich fand keinen Frieden und drängte den Arzt, bitte noch einmal nachzusehen. Leider behielt ich recht. Man stellte einen Blutschwamm an der Leber fest, der sofort operiert und untersucht wurde. Jetzt erkannte man auch Metastasen. Daraufhin entfernte man ein Drittel meiner Leber. Zunächst schien es, als hätte ich alles gut überstanden. Als ich gerade eine Woche zu Hause war, rief das Krankenhaus an und sagte, ich müsse sofort kommen. Inzwischen hatte man ermittelt, dass der Tumor nicht in der Leber, sondern im Darm saß. Wieder folgte eine Operation. In dieser Zeit war Gott mir besonders nah. Er schenkte mir eine Ruhe und Zuversicht, die nicht nur für mich, sondern auch für meine Verwandten und Besucher unerklärlich war. Sie kamen, um mich zu trösten; stattdessen tröstete ich sie. Ich konnte auch anderen Patienten Mut machen. Gott gab mir in dieser Zeit eine enorme Kraft.

Meine Leidens- und Prüfungszeit war jedoch noch nicht zu Ende. Es folgte ein Jahr Chemotherapie. Meine Kinder waren noch sehr klein und ich war oft sehr schwach. Gott half auch da. Er schickte mir Menschen, die uns unterstützten. Es war für mich erst sehr schwer anzunehmen, dass andere meinen „Dreck" beseitigen sollten. Aber auch darin lernte ich eine neue Sichtweise. Und wieder geschah das Wunder, dass ich gesund wurde.

Einige Jahre später wurde unser Leben aufs Neue erschüttert. Als unsere Kinder 12 und 13 Jahre alt waren, drohte die Firma, in der mein Mann arbeitete, in Konkurs zu gehen. Es blieb nur eine Lösung, ich musste wieder in das Arbeitsleben einsteigen. Aber alle Bewerbungen waren erfolglos. So machte ich mich selbstständig und dachte, ich könnte durch einen Sekretariatsdienst Kunden bekommen. Und tatsächlich, nach einiger Zeit trug sich mein kleines Unternehmen. Dann wurde mein Mann auf einmal mit 56 Jahren arbeitslos.

Erst später erkannten wir, dass Gott nichts zulässt, ohne es zu gebrauchen. Gerade in jener Zeit befanden sich unsere Kinder mitten in der Pubertät und waren sehr schwierig. Jetzt hatte mein Mann Zeit, sich um sie zu kümmern. Natürlich diskutierten unsere Kinder in diesen Jahren auch heiß die Frage des Glaubens. So war es ein großes Geschenk für uns, als sie sich schließlich taufen und konfirmieren ließen.

Als wir dachten, unser Leben sei etwas zur Ruhe gekommen, brach mir ein Großkunde weg. Was nun? Da rief uns eine liebe Bekannte an und bot mir einen festen Arbeitsplatz an. Damit war unser Lebensunterhalt zunächst gesichert. Doch der Arbeitsplatz war „voller Steine". Ich bin ein sehr harmoniebedürftiger Mensch; umso mehr bestürzte es mich zu erleben, dass unser Betriebsleiter mich mobbte. Es dauerte nicht lange, da fühlte ich mich körperlich sehr elend. Zunehmend litt ich unter heftigen Atembeschwerden. Daraufhin schickte mich der Arzt zur Kur. Diese Auszeit tat mir sehr gut. Sobald ich jedoch wieder an meinem Arbeitsplatz war, setzten der

Betriebsleiter und die Kollegen ihre Angriffe fort. Nach drei Wochen kündigte man mir „aus heiterem Himmel". Ich hatte keine Erklärung dafür und war wie zerbrochen. Auch hier erlebte ich, wie mein Herz und meine Seele ruhig wurden und mich ein neues Vertrauen zu Gott erfüllte. Als ich mich kräftiger fühlte, bewarb ich mich an mehreren Arbeitsstellen. Auf einmal erhielt ich einen Anruf von einer Firma, die jemanden für die Verwaltung suchte. Nach dem Bewerbungsgespräch wusste ich: Hier ist mein Platz, an dem ich Frieden finde! Noch heute bin ich dort und bin sehr glücklich und zufrieden.

Ich wünsche jedem, dass er bereit ist, sich in Gottes Arme fallen zu lassen. Er hat versprochen: „Kommt her zu mir, alle, die ihr mühselig und beladen seid; ich will euch erquicken" (Matthäus 11,28). Und Gott hält sein Versprechen.

Dorita Lehmann

Ein gewaltiger Lebenseinschnitt

28.03.2002: Gründonnerstag
Inis sitzt am Nachmittag am Computer. Irgendwann findet sie sich auf dem Fußboden wieder – sie hatte eine Art epileptischen Anfall erlitten.

Es sollte der erste Anfall von vielen sein. Wir können nur Gott danken, dass es nicht passierte, während Inis am Steuer ihres Autos saß. *Danke dafür, lieber Vater im Himmel, und danke auch dafür, dass Dörthe, ihre Vermieterin, danach bei ihr klingelte, dass Inis dadurch aufwachte und sich zur Tür schleppte.*

29.03.2002: Karfreitag
Da ihr Mann Andreas zu der Zeit gerade eine Osterfreizeit leitet, fährt Inis anschließend *selbst* zum Notfalldienst. Der Arzt meint auch: epileptischer Anfall. Sie fährt wieder allein nach Hause und nimmt an der Freizeit im benachbarten Freizeitheim teil. Inis ruft uns um 13.00 Uhr an, weint, erzählt uns alles. Wir sind natürlich in großer Sorge.

Inis geht offen mit ihrer Situation um, erzählt, spricht darüber. Das hilft ihr, denken wir, alles besser zu verarbeiten. Es kann auch eine einmalige Episode gewesen sein, meint der Arzt. Autofahren darf sie allerdings eine Weile nicht. – Inis geht es danach wieder besser und sie kommt wieder zu Kräften.

Der Arzt vom Notdienst meint, sie und Andreas könnten ihre geplante Reise zu uns nach Berlin und nach Weimar ruhig unternehmen – Ablenkung täte ihr gut. Allerdings sollte sie von Berlin aus Termine zu Untersuchungen vereinbaren.

Bei uns zu Ostern

Wir legen alles in Gottes Hand. *Alles was geschieht, muss erst an ihm vorbei. Er hat Inis gewollt, und so weiß er auch jetzt, was „dran" ist*, denke ich.

Alle Tage über Ostern geht es Inis gut. Wir sagen uns: Sollten es epileptische Anfälle sein, gibt es Medikamente. Ostern verstreicht ohne Zwischenfälle.

Dienstag, 02.04.2002

Inis arbeitet noch einen halben Tag. Andreas holt sie ab und sie fahren nach Berlin. Sie besuchen zuerst eine langjährige Freundin. Alle sind happy und freuen sich auf Berlin, auch wir hier. – Urlaub, endlich Urlaub. Weg vom Stress und der argen Belastung der letzten Wochen für Inis und Andreas. Abends rufen sie bei uns an und treffen um 21.45 Uhr ein.

Mittwoch, 03.04.2002

Ausschlafen ist angesagt. Inis fühlt sich gut. Noch ist ein paar Tage Terrassen-Wetter, die Sonne lacht und wir genießen die gute Gemeinschaft. Wir sind dankbar für jeden Tag!

Montag, 08.04.2002

Andreas und Inis freuen sich auf einen Besuch beim „Zeitzünder"-Chor heute Abend. Inis macht sich im Bad fertig – kurz vor 19.00 Uhr kommt sie ins Wohnzimmer. Es geht ihr schlecht. Sie setzt sich in einen Sessel und wird zum zweiten Mal in diesen Tagen ohnmächtig. Während des Anfalls beißt sie sich erneut die Zunge auf. Gott sei Dank ist Andreas bei ihr. Er meint, dass Inis nach etwa zehn Minuten wieder „da" war, nachdem er sie öfter angesprochen hatte. Sie selbst hat in dem Moment den zweiten Anfall noch nicht registriert und will zum Chorabend. Die beiden beschließen, sofort ins Krankenhaus zu fahren – aber in welches? Andreas bringt sie in die Notaufnahme des Neuköllner Krankenhauses. Sofort wird ein EEG² geschrieben, danach folgt ein Computertomogramm, um Inis' Kopf zu röntgen.

Nach Stunden lautet der Befund der Ärzte: Es muss operiert werden; in ihrem Kopf ist eine kleine Geschwulst, die da nicht hingehört. Inzwischen war Andreas gegen 22.00 Uhr zu uns gekommen; wir wollten gerade zu Bett gehen. Ich höre ihn die Tür aufschließen und sage: „Ihr seid ja schon wieder da, wo ist denn Inis?" Seine Antwort: „Inis ist im Krankenhaus", und er erzählt uns den ganzen Ablauf des Abends.

Er sucht Sachen für Inis zusammen und fährt nochmals zu ihr ins Krankenhaus.

---

2   EEG: Elektroenzephalogramm, Messung der Hirnströme

Dort findet ein sehr ausführliches Gespräch mit Inis' behandelndem Arzt statt. Auch ein Kernspin-Tomogramm soll noch zur weiteren Diagnostik gemacht werden.

Dienstag/Mittwoch, 9./10.04.2002

Wir danken Gott, dass Inis in einem Zweibettzimmer liegt. Die anderen Zimmer sind meist mit vier bis fünf Betten belegt. Wir haben nichts dazugetan; dafür hatte Gott allein gesorgt. Zum Glück hat Andreas Computer, Drucker und so weiter mitgebracht. Er schickt einige lange E-Mails an viele liebe Freunde und Bekannte. Alle sind total geschockt, können es nicht fassen. Auch in unserer Gemeinde sind alle schockiert – am Sonntag waren Inis und Andreas doch noch im Gottesdienst und mit großer Wiedersehensfreude begrüßt worden!

Donnerstag, 11.04.2002

Viele möchten Inis jetzt besonders beistehen, kommen zu Besuch, rufen an, melden sich bei uns. Gott macht fast Unmögliches möglich.

Unser Pastor macht den Vorschlag, mit zwei Ältesten zu Inis ins Krankenhaus zu fahren, um ihr so, wie es in der Bibel in Jakobus 5,13–15 angeraten ist, die Hände aufzulegen, sie zu salben und mit ihr zu beten.

Diesen Wunsch haben auch Inis und Andreas. Gott hat einen wunderbaren Zeitplan; wieder einmal sehen wir seine Maßarbeit. Wie oft durften wir das schon erleben? Andreas und ein weiterer Freund der beiden sind dabei, als unser Pastor mit den Ältesten kommt. Sie sind ungestört im Zimmer und können für und mit Inis beten.

Einer von ihnen meinte danach: „Es war wunderbar. Wir konnten richtig spüren, dass Jesus da war!"

Durch all das – wie die Ereignisse sich aneinander reihen, aber auch, wie viele für uns beten – gibt uns Gott Kraft, Geborgenheit und Vertrauen in sein Handeln. Am Donnerstag bekommt Inis bis zum Abend hin noch viel Besuch. Zeitweise sind bis zu zehn Besucher im Zimmer, wie sie erzählt. Trotz der Situation ist es eine fröhliche Runde, in der sogar alle vergessen, aus welchem Anlass sie zusammengekommen sind. Auch das hilft Inis und Andreas sehr.

Freitag, 12.04.2002

Inis' Operation ist vorverlegt auf 7.15 Uhr – die einzige Operation heute in dieser Abteilung. Drei bis sechs Stunden sind für die Operation vorgesehen.

Wir sind der Meinung, dass Gott wohl eine ganze Kompanie von Engeln als schützende Mauer um Inis' OP-Tisch und alle Ärzte und Schwestern gestellt hat.

An den Vortagen erlebten wir – Andreas, mein Mann Dieter und ich – des Öfteren völlige Geborgenheit in Gott und durften ganz ruhig sein. Nachts war es für mich schwieriger. Jedoch am Operationstag, jedenfalls den halben Tag bis 14.00 Uhr, ist mir, als wenn man mich stückchenweise auseinanderreißt – von Ruhe und Geborgenheit spüre ich nichts. Ab 14.00 Uhr können wir im Krankenhaus anrufen, und es heißt: „Die Operation dauerte vier Stunden, Inis ist bereits auf der Intensivstation, sie ist aufgewacht und ansprechbar."

Wir sind über diese positive Nachricht natürlich sehr dankbar und froh. Bei mir dauert es allerdings noch ein paar Stunden, bis sich die richtige Freude einstellt. Dieter und Andreas besuchen Inis auf der Intensivstation. Sie erkennt beide, kann Beine und Arme bewegen, schläft aber durch die Narkosenachwirkungen immer wieder ein. Nach einer Stunde Wartezeit können Andreas und Dieter die Ärztin sprechen, die ihnen erfreulicherweise sagt, dass der Tumor vollständig entfernt werden konnte. Der erste Befund während der OP war gutartig ausgefallen, worüber wir uns riesig freuen und Gott von Herzen danken. Weitere drei Gewebeuntersuchungen, die in Labors in verschiedenen Städten durchgeführt werden, nehmen noch acht bis zehn Tage in Anspruch.

Sonnabend, 13.04.2002

Ich rufe mittags auf der Intensivstation an und man sagt mir, dass Inis gerade bei einer Computertomografie ist – eine Kontroll-Untersuchung, nehme ich an. Wenn alles gut ist, wird sie anschließend wieder in ihr altes Zweibettzimmer verlegt. So ist es dann auch.

Deshalb will ich heute auch mit zu Besuch kommen. Inis bekommt noch Schmerzmittel über den Tropf, kann aber gut hören, sehen, alles bewegen. *Herr, du hast so Großes getan! Dir sei Ehre!* Wir können uns auch mit Inis unterhalten. Abends kann der Schmerztropf entfernt werden.

Sonntag, 14.04.2002

Eigentlich soll Inis heute das erste Mal mit Hilfe aufstehen, aber sie ist zu schwach – es geht nicht. Morgen ist auch noch ein Tag. Heute hat sie vermehrt Schmerzen, weil sie nun andere Medikamente bekommt.

Montag 15.04.2002

Inis kann mit Hilfe des Physiotherapeuten zum ersten Mal aufstehen und schafft es bis zur Toilette. Ein großer Fortschritt! Die Besserung von gestern zu heute ist deutlich zu sehen. Wir freuen uns sehr. Sie liebäugelt sogar schon wieder damit, das Telefon am Nachttisch freischalten zu lassen, um mehr Kontakt mit der Außenwelt haben zu können.

Dienstag, 16.04.2002

Noch kann Inis keine Besucher außer Andreas und Dieter empfangen – es ist einfach zu anstrengend. Trotzdem hat sie keine Langeweile. Am Abend besuchen sie doch noch gute Freunde und bringen ihr das selbstgemachte und gebundene Buch mit den „Schäfchen" mit. Super, toll, klasse! Was für eine Liebe!

Mittwoch, 17.04.2002

Heute wollen Frau R. und A. Inis besuchen; sie freut sich schon sehr auf das Wiedersehen. Dieter und Andreas waren bisher jeden Tag bei ihr, heute bleibt Dieter ausnahmsweise daheim.

Andreas besuchte Inis gestern Abend nochmals, um ihr die vielen lieben E-Mails und herzlichen SMS-Nachrichten (etwa 60 Stück) von so vielen Freunden und Betern zu bringen. Danach fuhr er weiter, zurück an seinen und

Inis' Wohn- und Dienstort, wo er bis zum Wochenende bleiben und arbeiten muss.

Mittags ruft Inis an und meint, der Arzt hätte bei der Visite gesagt, wenn alles so gut bei ihr bliebe, könne sie vielleicht schon Freitag oder Sonnabend entlassen werden. Die Testergebnisse kämen dann später. Wir sind baff und können es kaum fassen, was Gott getan hat und tut!

Die Tage danach

Eine Freundin von Inis meint bei einem Besuch bei uns: „Inis hat jetzt einen zweiten Geburtstag." Ja, das ist wirklich so! Und Gott in seiner Güte und Weisheit wird Inis und Andreas auch Schritt für Schritt weiterführen, wenn sie sich weiterhin ihm anvertrauen und sich von ihm führen lassen.

Für den Augenblick hoffen wir, dass die Operationswunden gut heilen. Wie groß der Tumor war, wissen wir noch nicht. Er saß an der linken Schläfe. Die zwei Schnitte von etwa zehn Zentimetern Länge, die im rechten Winkel zueinander ausgeführt sind, sind größer, als wir vermutet hatten. Wir bitten Gott, dass sie ebenso wie die Operationswunden im Schädelinneren gut heilen.

Zwischenzeitlich schickt Gott mir immer im richtigen Moment Bibelverse und andere ermutigende Worte über den Weg, die genau in die Situation passen und von denen ich Inis auch einige als Kärtchen mit ins Krankenhaus geben kann. Ein Spruch lautet: *Die Wüste ist oft der Weg der Erneuerung.*

Eine Woche nach der Operation werden bei Inis die Klammern an den Narben (20 Stück!) gezogen. Wir alle können es kaum fassen, dass sie noch am gleichen Tag entlassen wird.

Auch Ärzte und Schwestern sind erstaunt, dass Inis sich so rasch erholt hat. Sie bleibt aber noch etwa zwei Wochen bei uns in Berlin, die vierstündige Autofahrt nach Hause ist ihr noch nicht zuzumuten.

Schlafen, ruhen, essen, Besuch bekommen, plauschen – das tut Inis jetzt wohl am besten.

Danke, lieber Vater im Himmel, dass es ihr jeden Tag etwas besser geht!

Rufe mich an in der Not, so will ich dich erretten und du sollst mich preisen. (Psalm 50,15)

Nachsatz – 19. August 2003

Es ist kein guter Tag, und ich führe ein kleines Gespräch mit Gott: „Herr, ich habe heute so große Schmerzen, dass ich mich frage: Was ist dran? Was willst du von mir, dass ich es tue?" Seine Antwort: *„Schreibe auf, was Inis in der vergangenen Woche zuletzt erlebt hat."* Und ich tue es.

Inis muss wieder zur Hausärztin, um sich ein Rezept für ihr regelmäßiges Medikament zu holen – und kommt mit dem Rezept *und* einem „Beinahe-Arbeitsvertrag" nach Hause. Die Ärztin wusste nach dem Umzug von Andreas und Inis ins Berliner Umland 2002 genauestens von ihrer Erkrankung. Aus früheren Gesprächen meinte die Ärztin sich zu erinnern, Inis sei vor ihrer Erkrankung Erzieherin gewesen. Dass sie allerdings viele Jahre in

Berlin bei einem Kinderarzt gearbeitet hatte, wusste die Sprechstundenhilfe noch. Diese sprach Inis an, erzählte ihr, dass sie ihre Stelle wechselt, und fragte, ob Inis nicht diese Stelle übernehmen möchte.

Nach Inis schwerer Erkrankung hatten wir noch nicht einmal angefangen, um eine neue Arbeitsstelle für unsere Tochter zu beten, da wir wussten, dass sie wegen der Medikamente noch nicht wieder Auto fahren darf. Außerdem dachten wir, dass es sozusagen „um die Ecke" wohl kaum eine Arbeitsstelle gäbe.

Doch Gott sah das offenbar ganz anders und hatte schon alles weise vorgeplant. Eine Halbtagsstelle, 17 Stunden wöchentlich, und ein 10-Minuten-Fußweg oder 3-Minuten-Fahrradweg wären für sie zu schaffen. Sogar an Inis' und Andreas' Kater Krümel hatte Gott wohl bei seiner ganzen Planung gedacht – die wenigen Stunden Alleinsein würde er sicher problemlos überstehen.

So rief am Abend die Ärztin bei Inis an und vereinbarte ein Vorstellungsgespräch am Freitagmorgen. In netter Frühstücksrunde in der Praxis wurde dann beschlossen: Gleich folgenden Montag soll Inis in der Praxis mit der Arbeit beginnen. –

Als Inis uns das alles erzählte, konnten wir kaum mit Gottes Planungs-Tempo mithalten und fassen, wie sich alles entwickelte. Aber was wir zuerst taten, war: *Gott sehr zu danken!*

Ein Brief mit ganz besonderem Inhalt
Der dritte Hochzeitstag unserer Tochter Inis und ihres Mannes Andreas am 24. Juni 2003 nahte.

Da ich sie nicht selbst besuchen konnte, schrieb ich ihnen eine Karte. Schon wollte ich den Briefumschlag zukleben, da hielt mich etwas davon ab – ich dachte mir, *Vielleicht finde ich noch ein Kärtchen, das ich dazulegen kann.* Der Brief sollte erst am folgenden Tag in den Kasten. –

Genau ein Jahr zuvor waren die beiden von Norddeutschland ins Berliner Umland gezogen. Unsere Tochter war Ostern 2002 ganz plötzlich – ohne vorher je an Symptomen gelitten zu haben – mit 32 Jahren an einem Gehirntumor erkrankt. Während ihres Osterurlaubs bei uns in Berlin musste sie notoperiert werden.

Viele Beter standen hinter uns; entsprechend der biblischen Aufforderung in Jakobus 5,13–15 wurden ihr auch die Hände aufgelegt. Trotz aller Ängste, allem Sorgen und Bangen schenkte es Gott, dass sie wieder gesund wurde – obwohl sie nach wie vor mit Medikamenten leben muss. –

Nach diesen aufregenden vierzehn Monaten sollten beide zu ihrem Hochzeitstag nun einen lieben Gruß von uns erhalten. Am Tag, als ich den Brief absenden wollte, schickte ich ein Stoßgebet zu Gott, denn ich kann nicht lange stehen und suchen, wollte aber doch etwas „Passendes" in den Brief legen. Ich griff aufs Geratewohl ins Regal, und mir fiel ein kleines Klappkärtchen mit einem Bibelvers in die Hand. Ich lese: „Wir wissen, dass denen, die Gott lieben, alle Dinge zum Besten dienen" (Römer 8,28).

„Gut", dachte ich, „das passt nach allem, was sie im letzten Jahr durchmachen mussten, wohl sehr gut." Im Handumdrehen war der Brief zu und auf dem Weg in den Briefkasten.

Am 26.06. nachmittags rief unsere Tochter an und bedankte sich für die Wünsche zum Hochzeitstag. Dann fragte sie plötzlich: „Du, Mama, hast du das Klappkärtchen mit Absicht reingelegt?"

„Wie meinst du das, Inis? Ich verstehe nicht ganz, worauf du hinauswillst." Ich war, offen gesagt, ein wenig verdutzt.

Ihre erfreute Antwort brachte Licht ins Dunkel: „Na, das ist doch unser *Trauspruch*."

Daran hatte ich gar nicht mehr gedacht – aber Gott wusste es. Offenbar wollte er es Inis und Andreas auch für ihren weiteren Lebensweg in die Zukunft bestätigen.

Wieder einmal waren wir über Gottes liebevolles Handeln verblüfft, erfreut und dankbar. Und erneut bestätigte sich auch mir: Meine körperlichen Einschränkungen stellen für Gott kein Hindernis dar.

Edith Mahlke-Bleck

Wie ein Schiff in einer Schleuse

Die letzten Wochen und Monate waren extrem anstrengend. Doch das tägliche Leben ging weiter und man hatte zu funktionieren. Die Aufgaben und Pflichten lösten sich nicht von selbst, sondern forderten das letzte bisschen Kraft, was mir noch zur Verfügung stand. Natürlich haben wir die Kraftquellen in Gott, trotzdem, ich fühlte mich fast jeden Tag schwächer und ausgebrannt. Die Nöte und Sorgen drückten mich so weit runter, dass ich nicht mehr in der Lage war, den Alltag zu meistern. Ich betete immer wieder um Kraft zum Durchhalten, doch nichts ging mehr. In meiner Not ging ich zu meinem Arzt und sprach mit ihm über die Möglichkeit einer Kur. Gott sei Dank, sie wurde sehr schnell bewilligt. Ein erstes Eingreifen Gottes in meiner Misere.

Der Tag der Abreise war gekommen, und ich war dankbar, dass eine Zeit der Ruhe und Erholung vor mir lag. Angespannt, doch in der Gewissheit, dass Gott mich begleiten würde, fuhr ich nach Gunzenhausen in Bayern, um meine Kur dort anzutreten. Völlig erschöpft fuhr ich dann los, in der Hoffnung, dass alles klappt, obwohl uns der Winter fest im Griff hatte. Doch nach nur einer Stunde Fahrt begannen Strapazen, deren Ende ich nicht einmal ahnen konnte.

Mein Auto hatte eine Panne. Aus, nichts lief mehr. Ich brauchte nicht lange zu überlegen und rief den Pannendienst an, der dann auch angeblich innerhalb kurzer Zeit kommen sollte. Es schneite und war bitter kalt, und die

Heizung im Auto wurde leider nur zu einer Theorie. Die Zeit verging einfach nicht. Was lag näher, als Gott diese Not ans Herz zu legen und ihn zu bitten, dass er doch so bald wie möglich helfen möchte – doch nichts geschah. „Herr, ich bin ohnehin schon als nervliches Wrack losgefahren, warum nun noch dieses Übel?", so betete ich. Aber immer noch rührte sich nichts.

Ich fing an zu frieren und mein Magen tat mir weh vor Aufregung. Mein Beten wurde zum Flehen. Nach mehr als einer Stunde kam dann der „Straßenengel", doch mehr als mich zur nächsten Werkstatt schleppen konnte der auch nicht. Aber ich war überaus froh, wenigstens in einem geheizten Auto sitzen zu können. Ja, Gott hatte doch eingegriffen, auch wenn ich eine andere Vorstellung von seiner Hilfe hatte. Ich war dankbar und hatte ihm nun alles Weitere anbefohlen, natürlich in der Hoffnung, noch am selben Tag weiterfahren zu können. Nun hieß es, die Diagnose der Werkstatt abzuwarten. Aber auch das dauerte und meine Anspannung stieg von Minute zu Minute. Da kam dann ein Kundendienstberater mit leicht betretenem Gesicht auf mich zu und brachte mir schonend bei, dass ein Ersatzteil bestellt werden müsse und man erst am nächsten Morgen weiterarbeiten könne.

Mir wurde übel und ich musste mich erst einmal setzen. *Herr*, dachte ich, *was hast du mit mir vor, ich bin schon am Ende, und nun, was soll das denn?* Kurz und gut, ab ins nächste Hotel und abwarten, was der nächste Tag bringen wird.

In dem Hotelzimmer war tagelang nicht geheizt worden und der Hotelier meinte nur, wenn ich wolle, könne ich ja die Heizung aufdrehen. Mir wurde in dem Moment sehr warm, aber nur vor Wut. Ich dachte mir, *Gott, wenn schon solche Strapazen, warum hast du nur eine eiskalte Bude für mich übrig?* Ich habe an allem gezweifelt, und so war ich auch *ver*zweifelt. Verstanden habe ich nichts mehr, aber ich habe versucht, mich mit der Situation abzufinden und ruhig darüber zu werden. „Jesus, hilf mir bitte, das alles zu tragen, ich selbst kann nicht mehr".

Am nächsten Morgen eine gute Nachricht: Das Ersatzteil war da und der Einbau sollte in etwa einer Stunde fertig sein. Ich war wieder froh und dankbar. Endlich eine Gebetserhörung, die mich auf ein gutes Ende hoffen ließ! Die Stunde verging, aber es tat sich nichts, bis dann wieder der mir inzwischen bekannte „Botschafter" aus der Werkstatt auftauchte, um mir zu sagen, dass ein weiterer Fehler aufgetaucht sei, der aber eine größere Reparatur nach sich ziehen würde. Im Klartext hieß das etwa eine Woche Reparaturdauer und 1.500,– € Kosten.

Mir drehte sich alles und die Tränen standen mir in den Augen. „Herr, ich verstehe jetzt überhaupt nichts mehr. Ich habe die Kur aus deiner Hand genommen, und nun sitze ich in dieser bösen Falle!" Was tun, lautete die berechtigte Frage. „Ja Herr, ich weiß jetzt auch nicht mehr weiter, bitte antworte, und bitte sofort, denn es muss eine Entscheidung getroffen werden." Die Herren der Werkstatt spürten meine Verzweiflung und boten mir an, alles zu tun, um das Auto wieder flott zu bekommen, doch garantieren konnten sie mir nichts. Wieder begann für mich eine schier endlose, ja fast schon quälende Wartezeit. An Essen war nicht zu denken, denn mir tat alles weh, nicht zuletzt der Magen. Gegen 16.00 Uhr, nach stundenlangem Warten in einer erdrückenden Ungewissheit, packte mich dann die Verzweiflung und ich ging in die Werkstatt, um selbst nach dem Auto zu sehen. Es war weg. Da kam ein Kollege und sagte mir nur kurz, dass das Auto wohl fertig und nur noch zur Probefahrt unterwegs ist. Ich musste wieder mit den Tränen kämpfen, Gott war doch da! *Natürlich* war er immer da, doch ich konnte ihn einfach in dieser Zeit weder sehen noch spüren. Die Umstände haben mich förmlich erdrückt.

Dann ging alles seinen Gang. Man sagte mir, dass wohl alles soweit läuft, man aber für nichts garantieren könne, denn der „große Fehler sei nur notdürftig behoben worden. Es könnte durchaus sein, dass ich wieder mit dem Auto liegenbleibe". Was für eine „erhebende" Botschaft!

Endlich, um 16.30 Uhr, konnte ich meine Fahrt dennoch fortsetzen, mit den Nerven am Ende, aber in der Hoffnung, mich bald einfach in der Klinik ins Bett fallen lassen zu können, und vor allem in einem geheizten Zimmer. Nach weiteren fünf Stunden Fahrzeit war ich dann endlich am Ziel. Die Fahrt selbst war fast schon ein Horror, denn es schneite wie verrückt und die Straßen waren entsprechend glatt. Ich betete immer wieder, „Herr mir fehlt einfach die Kraft zu fahren, bitte halte deine Hand über mir und meinem Auto." Er tat es.

Etwa um 21.00 Uhr öffnete mir dann eine Schwester die Tür in der Klinik und hieß mich herzlich willkommen. In meinem Zimmer erwartete mich ein liebevoll zubereitetes Abendessen, das ich nach all den Strapazen natürlich sehr entspannt genossen habe. Und dann konnte ich nur noch eins: mich todmüde ins Bett fallen lassen.

Ja, wozu diese ganzen Probleme und Turbulenzen? Diese Frage beschäftigte mich, und ob sie jemals beantwortet wird, weiß ich nicht. Das ist auch nicht so wichtig. Tatsache war, dass ich wieder einmal erfahren habe, das Gott wirklich alles im Griff hat, auch wenn ich das nicht so gefühlt und gesehen habe, denn schließlich bin ich trotz aller Pannen gesund am Ziel angekommen. Nach einer erfrischenden Nachtruhe sah die Welt dann schon wieder ganz anders aus.

In meinem Aufnahmegespräch beim Stationsarzt konnte ich erst einmal von meinen Strapazen berichten und mir wurde dann noch am gleichen Tag das verordnet, was ich bestens gebrauchen konnte, ein warmes Bad und eine wohltuende Entspannung in der Sauna. So nach und nach kam ich wieder zu mir und war nun sehr dankbar, vier erholsame Wochen vor mir zu haben.

Nach dem Frühstück gab es täglich Kurzandachten, die ich auch gerne besucht habe. Am ersten Morgen war das Thema Lob und Dank. Ja, ich war wirklich Gott sehr dankbar. Mir kam der Gedanke, wenn ich auch in den vergangenen Stunden der schier endlosen Anspannung keinen Grund zum Danken sehen konnte, so war ich aber sicher, dass der Augenblick kommen würde, wo ich das wieder kann.

Bei der Andacht am nächsten Morgen gab es ein seltsames Thema: „Wie ein Schiff in einer Schleuse". Ich war gespannt, was mich jetzt erwarten würde. Irgendwie musste ich ganz zwangsläufig an meine turbulente Anreise denken. Befand ich mich nicht auch in so einer Schleuse? Nichts ging mehr, weder hoch noch runter, weder rechts noch links! Ich selbst konnte an den äußeren Umständen nichts mehr ändern. Gott allein konnte nur dafür sorgen, dass mein „Schiff wieder auf die richtige Höhe kommen" würde, um meine Fahrt fortzusetzen.

Kennen Sie solche Situationen? Festgefahren, aus, Ende – und außer Verzweiflung und eventuell auch Angst geht gar nichts mehr.

Wer Erfahrungen in einer Schleuse gemacht hat, der weiß, dass das Heben und Senken eines Schiffes nur sehr langsam vorangeht und sich daran auch nichts ändern lässt. Genau das musste ich auch in den nächsten vier Wochen lernen. Mir wurde klar, dass nun Ruhe und Besinnung für die nächste Zeit absolute Priorität hatten. Einfach mal loslassen und Gott alles abgeben. Aber genau damit hatte ich ein Problem. In meinem Berufsleben war ich gewöhnt, alles selbst in die Hand zu nehmen und zu steuern. Das klappte auch bestens. In meinem privaten Leben sah es nicht viel anders aus. Immer in Bewegung, ohne zu überlegen, dass Gott uns schließlich auch einen Tag in der Woche Ruhe verordnet hat.

Nun, zurück zur Schleuse. Wenn die Schleusentore geschlossen sind, wird es bedrückend, manchmal sogar beängstigend eng. Ich habe keinen Einfluss mehr, was mit meinem Boot geschieht. Selbst ein Kapitän muss alles dem überlassen, der die Schleuse steuert.

Genau dieses Bild hatte mich die ganzen Wochen begleitet. Auf der Anreise war ich auch gefangen in so einer Schleuse, oder besser gesagt, in einer Kfz-Werkstatt. Klar, wenn dann nichts mehr geht und ich auch daran nichts ändern kann, dann packt mich die Unruhe und Nervosität. So, wie ich es eben gewohnt war.

Während der Kur hatte ich eine Menge Zeit, die ich für mich persönlich nutzen konnte; anderseits haben mich die vielen Behandlungstermine immer wieder daran erinnert, dass ich mich immer noch in einer Schleuse befand. Was mir aber nicht gleich bewusst wurde, war, dass mein „Schiff" auf eine Ebene befördert werden musste, auf der es später dann weitergeht. Da war es nicht so entscheidend, ob es nach oben oder nach unten geht. Entscheidend war, dass die richtige Ebene angesteuert wurde, und die kannte allein Gott. Er wusste auch, wann und wie diese Ebene für mich am besten erreicht würde. Und wenn sich die Schleusentore wieder öffneten, musste ich wieder ans Ruder. In diesem Bild konnte ich für mich sehr gut das Handeln Gottes erkennen.

Wir haben unser Ruder in der Hand, doch Gott ist der Kapitän auf unserem Schiff. Und wenn mal eine Ruhepause nötig ist, dann übernimmt er höchstpersönlich das Ruder oder beauftragt auch manchmal andere Menschen, das für uns zu übernehmen. Doch ohne den Kapitän läuft gar nichts, das musste ich wieder neu lernen.

Manch einer denkt vielleicht, solch eine Autopanne sei doch kein Grund für so eine Panik. Mag sein, aber darum geht es nicht. Unsere Probleme sind grundverschiedener Natur und jeder verarbeitet sie anders, abgesehen davon, dass man sie nicht miteinander vergleichen kann. Gerade wenn sie im Alltag auftauchen, versuchen wir oft genug, sie erst einmal alleine zu lösen. Doch die Praxis zeigt, dass das meistens nicht klappt. Und wenn wir in so einer Sackgasse bzw. Schleusenkammer stecken, gerade dann ist Gott am nächsten, auch wenn wir es nicht fühlen oder erkennen können. Ich erinnere mich gerne an die letzte Strophe aus einem Lied: „So nimm denn meine Hände" von Julie von Hausmann: „Wenn ich auch gleich nichts fühle von deiner Macht, du führst mich doch zum Ziele, auch durch die Nacht!"

Wir sehen oft das Ziel noch nicht, werden aber trotzdem ankommen, von Gottes Händen getragen. Das habe ich erfahren dürfen und aufgeschrieben, weil ich mir wünsche, dass andere, die eventuell auch in einer „Schleuse" stecken, Gott hautnah erleben können, wie und in welcher Form auch immer.

Doch noch etwas: Sicher erhört Gott unsere Gebete und unser Flehen, aber wie in meinem Fall sieht die Gebetserhörung nicht immer so aus, wie wir sie uns wünschen oder vorstellen. Wie schnell sind wir resigniert, wenn sich durch unser Gebet nichts ändert. „Dein Wille geschehe", heißt es im Vaterunser, und wie leicht beten wir das, aber wie schwer ist es manchmal in der Praxis, einfach nur abzuwarten, was Gott tun wird.

In der Kur sollte ich mich körperlich und auch psychisch regenerieren. Ich ahnte, was nun vor mir lag, nämlich eine Zeit, die zum Teil sehr anstrengend werden würde. Erstens Gewichtsreduktion, Entspannungsübungen, Bewegung und psychotherapeutische Hilfe und was den Ärzten noch so alles einfiel. Gut, die körperliche Versorgung war schnell und klar verordnet und ich spürte auch recht bald die Erholung. Doch im psychischen Bereich war das alles nicht so einfach. In vielen Punkten musste ich lernen umzudenken und schließlich das Umdenken dann auch in die Praxis umsetzen.

Mein Bild von der Schleuse verblasste mehr und mehr. Die Ruhe und Anwendungen zeigten die erste Wirkung. Die Zeit der Erholung war um. Fünf Wochen, die ich nie vergessen möchte. Der Abschied fiel mir schwer, denn ich hatte nette Menschen kennen und lieben gelernt. Es war wirklich erfrischend, sich mit ihnen täglich über Erfahrungen aus dem Leben aber auch Erfahrungen aus dem Leben mit Jesus zu unterhalten.

Auf der Rückreise begleitete mich dann wieder neuer Stress. Vor meiner Abreise hatte fast jeden Tag die Sonne geschienen und der Frühling zeigte sich. So hoffte ich auf eine Heimreise bei schönem Wetter, und auch möglichst ohne den kräfteraubenden Stress der Hinfahrt.

Es kam ganz anders. Statt des erhofften Sonnenscheins war es kalt, grau und es regnete wie aus Kannen. Leider machte auch mein Auto wieder Probleme, sodass ich mit der ständigen Angst im Nacken fuhr, ich würde wieder liegenbleiben, und das bei einer Witterung, die immer schlechter wurde. Es wurde so diesig, dass man den Vordermann kaum erkennen konnte. Der Angstschweiß stand mir auf der Stirn und die Erinnerungen an meine Panne auf der Anreise wurden wieder ganz lebendig. Ich betete, was das Zeug hielt. Sollte das, was ich gelernt hatte, gleich so auf die Probe gestellt werden? Eigentlich wollte ich zu allem was mir begegnet, ein volles Ja sagen und dann auch meine Ängste Gott abgeben. Gar nicht so einfach!

Gott sei Dank, ich kam trotz dieser ganzen Widrigkeiten zwar völlig erschöpft, doch wohlbehalten zu Hause an.

Gar nicht so einfach, das zu lernen, was man in einer Schleuse lernen kann. Uns bleiben Schwierigkeiten nicht erspart, doch eins habe ich gelernt auf beiden Fahrten: Gott hilft, in welcher Weise auch immer, er lässt uns in allen Situationen nicht allein oder im Stich, und das hilft uns, die Umstände besser ertragen zu können. Ohne seinen Beistand könnten wir manches überhaupt nicht überstehen.

Nach der Kur kam nun die Zeit, in der ich alles das in die Tat umsetzen sollte, was ich in fünf Wochen gelernt hatte. Es war absolut nicht leicht, aber ich habe gemerkt, wie Gott mir auch sehr viel neue Kraft geschenkt hat. Natürlich begegnen mir bis heute immer wieder Probleme und Nöte, die manchmal eine echte Herausforderung sind. Doch ich versuche mich dann immer wieder zu erinnern, wie Gott in den vielen Jahren mir und meiner Familie geholfen hat. Oft durch Menschen, aber manchmal auch auf völlig unspektakuläre Art und Weise.

Wenn es auch in einer Schleuse sehr eng und unbequem ist, manchmal geht es eben nicht ohne diese Erfahrung, weil Gott uns auf eine Ebene bringen will, auf der es dann für uns weitergeht.

Ja, Gott ist real zu erleben, man muss ihn nur erleben wollen.

Der Gott auf den Bergen
ist auch der Gott in den Tälern

Das Leben ist leicht,
wenn du auf den Bergen bist.
Und du bekommst Frieden,
wie du ihn noch nie bekommen hast.
Aber die Dinge ändern sich,
wenn du unten im Tal bist.
Doch verliere nicht dein Vertrauen,
du bist nie allein! Gott ist bei dir.

Refr.: Der Gott auf den Bergen
ist auch der Gott in den Tälern.
Wenn die Dinge verkehrt laufen,
er will sie in seine Hand nehmen.
Und der Gott in der schlechten Zeit
ist auch der Gott in der guten Zeit.
Der Gott am Tag ist auch der Gott in der Nacht.

Du denkst an das Vertrauen,
wenn du auf dem Berg bist,
und das Gespräch mit Gott ist leicht,
wenn es dir gut geht.
Aber wenn du im Tal bist,
die Versuchungen und Proben dich bedrängen,
dann wird dein Vertrauen geprüft.

Verfasser unbekannt.
Freie Übertragung aus dem Englischen: Ulrich Breest

Ich möchte die Erfahrungen der Liebe, Fürsorge und Barmherzigkeit Gottes gerne an diejenigen weitergeben, die sich auch in Situationen befinden, die schwer zu ertragen sind.

Ulrich Breest

Nachwort

Was ich mit diesem Buch zu meinem Lebensbericht zu Gottes Ehre dankbar sagen wollte, wurde durch die Geschichten der anderen Autoren ergänzt. Das macht mich sehr froh. Nur Gott konnte die einzelnen Puzzleteile zur Entstehung dieses Buches so gut zusammenfügen, und ich hoffe und wünsche, dass all diese Berichte bei den Lesern Mut und Vertrauen auf Gott den Herrn wecken.

Ihm möchte ich danken, dass er mich in meinem Leben nicht an durchlittenen Krankheitsnöten vorbei-, sondern mitten hindurchgeführt hat – aber er war immer bei mir und uns als Familie, und wir konnten viel aus dieser Zeit lernen.

Danke sage ich auch meiner Familie, den vielen Betern, Autoren und Freunden und besonders meiner Lektorin Doris Leisering. Ein großer Dank gilt auch dem Verlag, der die Veröffentlichung dieses Buches ermöglicht hat, und dem Grafiker für seine zündende Idee für das Titelbild. Es hat dreieinhalb Jahre gedauert, aber dank aller, die an die Verwirklichung dieses Projekts geglaubt und mit mir zusammen vertraut haben, ist es nun soweit.

Was Gott tun kann, wenn wir uns ihm zur Verfügung stellen, ist unbegreiflich. Ein altes Lied von Hedwig von Redern (1866–1935) bringt dies wunderbar zum Ausdruck:

Hier hast Du meine beiden Hände,
ich kann ja nichts aus eigner Kraft,
du weißt den Weg, Du weißt das Ende,
bring Du mich durch die Fremdlingschaft!

Ach, leite mich mit Deinen Augen
auf jeden Schritt durchs dunkle Tal!
Wie gar nichts meine Kräfte taugen,
ich fühl es täglich tausendmal.

Ich müsste ja vor Angst verzagen,
wüsst ich nicht, dass Du mit mir gehst,
dass Deine Schultern für mich tragen,
und dass im Kampf Du bei mir stehst.

Ich bitte nur, dass bis zum Ende
du mich in Dein Erbarmen hüllst;
hier hast Du meine beiden Hände,
nun mache mit mir, was Du willst!

Edith Mahlke-Bleck

Quellen und Copyright